বর্তমান ভারত

স্বামী বিবেকানন্দ

ভূমিকা।

স্বামী বিবেকানন্দের সর্ব্বতোমুখী প্রতিভাপ্রসূত "বর্ত্তমান ভারত", বঙ্গসাহিত্যে এক অমূল্যরত্ন। তমসাচ্ছন্ন ভারতেতিহাসে একটা পূর্ব্বাপর সম্বন্ধ দেখা অতি কম লোকের ভাগ্যেই ঘটে। স্থূলদৃষ্টি সাধারণ পাঠক ইহাতে দুই চারিটি ধর্ম্মবীর বা কর্ম্মবীরের মূর্ত্তি এবং দুই একটি ধর্ম্মবিপ্লব বা রাজ্যবিপ্লব, অতি অসম্বদ্ধ ভাবে গ্রথিত ভিন্ন আর কিছুই দেখেন না। গবেষণাশীল যশোলিপ্সু পাশ্চাত্য পণ্ডিতকুলের সূক্ষ্ম দৃষ্টিও, প্রাচ্য জাতিসমূহের মানসিক গঠন, আচার ব্যবহার, কার্য্যপ্রণালী প্রভৃতির দ্বারা প্রতিহত হইয়া, এখানে অনেক সময়ে সরল পথ ত্যাগ করে এবং কুম্ম্‌টিকাবৃত কিম্ভূতকিমাকার মূর্ত্তি সকলই দেখিয়া থাকে। বিশেষতঃ যে শক্তি ভারতের অস্থিমজ্জায় প্রবিষ্ট, যাহার খেলা বৈদিক অধিকার হইতে বৌদ্ধাধিকার পর্য্যন্ত সর্ব্বপ্রকার উচ্ছ্‌ভাব সমুদয়ের সমাবেশ করিয়া ভারতকে জগতের শিরোভূষণ করিয়াছিল, যাহার হীনতায় পুনরায় মুসলমান প্রভৃতি বিজাতীয় রাজগণের ভারতে প্রবেশ, সেই ধর্ম্মশক্তি পাশ্চাত্য পণ্ডিতকুলের দৃষ্টিতে ছায়াময় অবাস্তব মূর্ত্তিবিশেষরূপে প্রকাশিত সুতরাং উহাদ্বারা যে জাতীয় উন্নতি এবং অবনতি সমাধান হইতে পারে, ইহা তাঁহাদের বুদ্ধির সম্পূর্ণ অগোচর। ব্যক্তিগত ভাবসমূহই সমষ্টিরূপে সমাজগত হইয়া জাতিবিশেষের জাতীয়ত্ব সম্পাদন করে। এই জাতীয়ত্বভাব ভিন্ন ভিন্ন জাতির পরস্পর বিভিন্ন বলিয়াই এক জাতির পক্ষে অপর জাতির ভাব বুঝা দুষ্কর হইয়া উঠে এবং সেই জন্যই ভারতেতিহাস সম্বন্ধ ভাবে বুঝিতে যাইয়া পাশ্চাত্য পণ্ডিতকুল অনেক সময়ে বিফলমনোরথ হন। আমাদের ধারণা, ভারতে ইতিহাসের যে অভাব তাহা নহে, কিন্তু উহার সমৃদ্ধ সংযোজনে ভারতসন্তানই একমাত্র সমর্থ এবং উহার যথার্থ পাঠক্রম তাঁহাদের দ্বারাই একদিন না একদিন আবিষ্কৃত হইবে। বহুল পরিভ্রমণ, গর্ব্বিত রাজকুল হইতে দরিদ্র প্রজা পর্য্যন্ত সকলের সহিত সমভাবে

মিলন, ভারত ও ভারতের দেশের আচার-ব্যবহার এবং জাতীয়ত্ব ভাবসমূহের নিরপেক্ষ দর্শন, অশেষ অধ্যায়ন এবং স্বদেশবাসীর প্রতি অপার প্রেম ও তাহাদের দুঃখে গভীর সহানুভূতির ফলে স্বামীজীর মনে ভারতের যে চিত্র অঙ্কিত হইয়াছিল, "বর্তমান ভারত" তাহারই নিদর্শনস্বরূপ।

ভারতেতিহাসের জটিল প্রশ্নসমূহের সমাধানে তিনি কতদূর কৃতকার্য হইয়াছেন, সে বিষয়ে আমাদের বলিবার কিছুই নাই; পাঠকের ক্ষমতা থাকে তো বিচার করিয়া দেখুন। তবে স্বামীজীর ন্যায় অসামান্য জীবন এবং প্রতিভোৎপন্ন মীমাংসা যে চিন্তা ও পাঠের যোগ্য, সে বিষয়ে কে সন্দিহান হইতে পারে?

"বর্তমান ভারত" প্রথমে প্রবন্ধাকারে পাক্ষিক পত্র "উদ্বোধনে" প্রকাশিত হয়। অনেকের মুখে ঐ সময় শুনিয়াছিলাম যে, উহার ভাষা অতি জটিল ও দুর্বোধ্য। এখনও হয়তো অনেক ঐ কথা বলিবেন, কিন্তু অদ্য আমরা সেই মতের পক্ষাবলম্বন করিয়া ভাষার দোষ স্বীকারপূর্বক 'বর্তমান ভারত' উপহার-হস্তে সলজ্জভাবে পাঠক-সমীপে সমাগত নহি। আমরা উহাতে ভাব ও ভাষার অদ্ভুত সামঞ্জস্য দেখিয়া মোহিত হইয়াছি। বঙ্গভাষা যে অত অল্পায়তনে অত অধিক ভাবরাশি প্রকাশে সমর্থ, ইহা আমরা পূর্বে আর কোথাও দেখি নাই। পদলালিত্যও অনেক স্থানে বিশেষ বিকশিত। অনাবশ্যকীয় শব্দনিচয়ের এতই অভাব যে, বোধ হয় যেন লেখক প্রত্যেক শব্দের ভাব পরিমাণ করিয়া আবশ্যকমত প্রয়োগ করিয়াছেন।

অধিকন্তু ইহা একখানি দর্শনগ্রন্থ। ভারতসমাগত যাবতীয় জাতির মানসিকভাবরাশি- সমুদ্ভূত দ্বন্দ্ব দশসহস্রবর্ষব্যাপী কাল ধরিয়া উহাদিগকে পরিচালিত এবং ধীরে ধীরে শ্রেণীবদ্ধ, উন্নত, অবনত ও পরিবর্তিত করিয়া দেশে সুখ-দুঃখের পরিমাণ কিরূপে কখন হ্রাস, কখন বা বৃদ্ধি করিয়াছে এবং বিভিন্ন জাতির সংমিশ্রণ, বিভিন্ন

আচার-ব্যবহার, কার্যপ্রণালীর মধ্যেও এই আপাত-অসম্বদ্ধ ভারতীয় জাতিসমূহ কোন্‌ সূত্রেই বা আবদ্ধ হইয়া আপনাদিগকে হিন্দু বলিয়া সমভাবে পরিচয় দিতেছে এবং কোন্‌ দিকেই বা ইহাদের ভবিষ্যৎ গতি, সেই গুরুতর দার্শনিক বিষয়ই "বর্তমান ভারতের" আলোচ্য বিষয়। ইহার ভাষা কেমন করিয়া আদি বা করুণরস-সংঘটিত নভেল-নাটকাদির তুল্য হইবে, তাহা আমরা বুঝতে পারি না। দুর্ভাগ্যক্রমে এদেশে এখন যথার্থ রসজ্ঞ লোকের একান্ত অভাব। গভীর-চিন্তাপ্রসূত বিজ্ঞানেতিহাসদর্শনাদির অথবা আদি ও করুণ ভিন্ন বীর-রসাদির লেখক ও পাঠক অতীব বিরল। সাধারণ লোকের তো কথাই নাই, তাহাদের রুচি মার্জ্জিত এবং বিশুদ্ধ হইয়া চিন্তাশীল লোকের সম্মানার্হ হওয়া এখনও অনেক দূর। অতএব ভাষা সম্বন্ধেও এ প্রকার প্রতিবাদের উত্তর প্রদান আমরা অনাবশ্যক বিবেচনা করিলাম এবং পাঠকের নিজ নিজ বিচারবুদ্ধিই এস্থলে মীমাংসক রহিল।

পরিশেষে ব্রাহ্মণাদি উচ্চ বর্ণের উপর স্বামীজীর কিছু বিশেষ কটাক্ষ আছে বলিয়া যে প্রতিবাদ-ধ্বনি "বর্তমান ভারতের" প্রথমাবির্ভাবে উঠিয়াছিল, সে বিষয়েও সপক্ষে বা বিপক্ষে কোন কথা না বলিয়া পাঠকের সত্যানুরাগ এবং স্পষ্টবাদিতার উপরেই আমরা নির্ভর করিলাম। সহস্র প্রতিবাদেও সত্যের অপলাপ বা অসত্যের প্রতিষ্ঠা হয়না এবং "মন মুখ এক করাই" সত্যলাভের প্রধান সাধন, ইহা যেন আমরা নিত্য মনে রাখতে পারি। নিন্দার কটুকশাঘাতে অভিজাত ব্যক্তির হৃদয়ে আত্মানুসন্ধান এবং সংশোধনেচ্ছাই বলবতী হয়, কিন্তু ইতর ব্যক্তির হৃদয় ঐ আঘাতে জঘন্য অসত্য, হিংসা, সত্যগোপন প্রভৃতি কুপ্রবৃত্তির আশ্রয় গ্রহণ করিয়া অবনতির পথে দ্রুতপদসঞ্চারে অগ্রসর হয়।

এখানে ভারতের মহাকবির কথা আমাদের মনে উদয় হইতেছে, যথা:-

"অলোকসামান্যমচিন্ত্যহেতুকম্
নিন্দন্তি মন্দাশ্চরিতম্ মহাত্মনাম্!"

১লা জ্যেষ্ঠ
১৩১২

অলমিতি–

সারদানন্দ।

বর্তমান ভারত ।

বৈদিক পুরোহিত মন্ত্রবলে বলীয়ান্‌, দেবগণ তাঁহার মন্ত্রবলে আহূত হইয়া পান ভোজন গ্রহণ করেন ও যজমানকে অভীপ্সিত ফল প্রদান করেন। ইহলৌকিক মঙ্গলের কামনায় প্রজাবর্গ, রাজন্যবর্গও তাঁহার দ্বারস্থ। রাজা সোম[১] পুরোহিতের উপাস্য, বরদ ও মন্ত্রপুষ্ট; আহুতিগ্রহণেপ্সু দেবগণ কাজেই পুরোহিতের উপর সদয়; দেববলের উপর মানব-বল কি করিতে পারে? মানব-বলের কেন্দ্রীভূত রাজাও পুরোহিতবর্গের অনুগ্রহপ্রার্থী। তাঁহাদের কৃপাদৃষ্টিই যথেষ্ট সাহায্য; তাঁহাদের আশীর্বাদ সর্বশ্রেষ্ট কর; কখন বিভীষিকাসংকুল আদেশ, কখন সহৃদয় মন্ত্রণা, কখনও কৌশলময় নীতিজাল-বিদ্যার রাজশক্তিকে অনেক সময়েই পুরোহিতকুলের নির্দেশবর্তী করিয়াছে। সকলের উপর ভয়- পিতৃপুরুষদিগের নাম, নিজের যশোলিপি পুরোহিতের লেখনীর অধীন। মহাতেজস্বী, জীবদ্দশায় অতি কীর্তিমান্‌, প্রজাবর্গের পিতৃমাতৃস্থানীয় হউন না কেন, মহাসমুদ্রে শিশিরবিন্দুপাতের ন্যায় কালসমুদ্রে তাঁহার যশঃসূর্য চিরদিন অস্তমিত; কেবল মহাসত্রানুষ্ঠায়ী, অশ্বমেধযাজী, বর্ষার বারিদের ন্যায় পুরোহিতগণের উপর অজস্র-ধন-বর্ষণকারী রাজগণের নামই পুরোহিত-প্রসাদে জাজ্বল্যমান। দেবগণের প্রিয়, প্রিয়দর্শী ধর্মাশোক ব্রাহ্মণ্য-জগতে নাম-মাত্র-শেষ; পারীক্ষিত জনমেজয় আবাল-বৃদ্ধ- বনিতার চিরপরিচিত।

রাজ্য-রক্ষা, নিজের বিলাস, বন্ধুবর্গের পুষ্টি ও সর্বাপেক্ষা পুরোহিতকুলের তুষ্টির নিমিত্ত রাজরবি প্রজাবর্গকে শোষণ করিতেন। বৈশ্যেরা রাজার খাদ্য, তাঁহার দুগ্ধবতী গাভী।

কর-গ্রহণে, রাজ্য-রক্ষায়, প্রজাবর্গের মতামতের বিশেষ অপেক্ষা নাই; হিন্দু জগতেও নাই, বৌদ্ধ জগতেও তদ্রূপ। যদিও যুধিষ্ঠির বারণাবতে বৈশ্য শূদ্রদেরও গৃহে পদার্পণ করিতেছেন, প্রজারা রামচন্দ্রের

যৌবরাজ্যে অভিষেক প্রার্থনা করিতেছে, সীতার বনবাসের জন্য গোপনে মন্ত্রণা করিতেছে, কিন্তু সাক্ষাৎ প্রত্যক্ষ-সম্বন্ধে রাজ্যের প্রথা-স্বরূপ, প্রজাদের কোন বিষয়ে উচ্চ বাচ্য নাই। প্রজাশক্তি আপনার ক্ষমতা অপ্রত্যক্ষভাবে বিশৃঙ্খলরূপে প্রকাশ করিতেছে। সে শক্তির অস্তিত্বে প্রজাবর্গের এখনও জ্ঞান হয় নাই। তাহাতে সমবায়ের উদ্যোগ বা ইচ্ছা ও নাই; সে কৌশলেরও সম্পূর্ণ অভাব, যাহা দ্বারা ক্ষুদ্র ক্ষুদ্র শক্তিপুঞ্জ একীভূত হইয়া প্রচণ্ড বল সংগ্রহ করে।

নিয়মের অভাব—তাহাও নহে; নিয়ম আছে, প্রণালী আছে, নির্দ্ধারিত অংশ আছে, কর-সংগ্রহ ও সৈন্যচালনা বা বিচার-সম্পাদন বা দণ্ড পুরস্কার সকল বিষয়েরই পুঙ্খানুপুঙ্খ নিয়ম আছে, কিন্তু তাহার মূলে ঋষির আদেশ—দৈবশক্তি, ঈশ্বরাবেশ। তাহার স্থিতিস্থাপকত্ব একেবারেই নাই বলিলেই হয় এবং তাহাতে প্রজাবর্গের সাধারণ মঙ্গলকর কার্য্যসাধনোদ্দেশে সহমতি হইবার বা সমবেত বুদ্ধিযোগে রাজগৃহীত প্রজার ধনে সাধারণ সত্ত্ববুদ্ধি ও তাহার আয়-ব্যয়-নিয়মনের শক্তিলাভেচ্ছার কোনও শিক্ষার সম্ভাবনা নাই।

আবার ঐ সকল নিদেশ পুস্তকে। পুস্তকাবদ্ধ নিয়ম ও তাহার কার্য্য-পরিণতি এ দুয়ের মধ্যে দূর—অনেক। একজন রামচন্দ্র শত শত অগ্নিবর্ণের[২] পরে জন্মগ্রহণ করেন। চণ্ডাশোকত্ব অনেক রাজাই আজন্ম দেখাইয়া যান; ধর্ম্মাশোকত্ব[৩] অতি অল্পসংখ্যক। আকবরের ন্যায় প্রজারক্ষকের সংখ্যা আরঙ্গজীবের ন্যায় প্রজাভক্ষকের অপেক্ষা অনেক অল্প।

হউন যুধিষ্ঠির বা রামচন্দ্র বা ধর্ম্মাশোক বা আকবর, পরে যাহার মুখে সর্ব্বদা অন্ন তুলিয়া দেয়, তাহার ক্রমে নিজের অন্ন উঠাইয়া খাইবার শক্তি লোপ হয়। সর্ব্ব বিষয়ে অপরে যাহাকে রক্ষা করে, তাহার আত্মরক্ষা-শক্তির স্ফূর্ত্তি কখনও হয় না। সর্ব্বদাই শিশুর ন্যায় পালিত হইলে অতি বলিষ্ঠ যুবাও দীর্ঘকায় শিশু হইয়া যায়। দেবতুল্য

রাজা দ্বারা সর্ব্বতোভাবে পালিত প্রজাও কখন স্বায়ত্তশাসন শিখে না; রাজমুখাপেক্ষী হইয়া ক্রমে নির্ব্বীর্য্য ও নিঃশক্তি হইয়া যায়। ঐ "পালিত" "রক্ষিত"ই দীর্ঘস্থায়ী হইলে সর্ব্বনাশের মূল।

মহাপুরুষদিগের অলৌকিক প্রাতিভজ্ঞানোৎপন্ন শাস্ত্রশাসিত সমাজের শাসন রাজা, প্রজা, ধনী, নির্দ্ধন, মূর্খ, বিদ্বান্ সকলের উপর অব্যাহত হওয়া অন্ততঃ বিচারসিদ্ধ, কিন্তু কার্য্যে কতদূর হইয়াছে বা হয়, পূর্ব্বেই বলা হইয়াছে। শাসিতগণের শাসন-কার্য্যে অনুমতি—যাহা আধুনিক পাশ্চাত্য জগতের মূলমন্ত্র এবং যাহার শেষ বাণী আমেরিকার শাসনপদ্ধতিপত্রে অতি উচ্চরবে ঘোষিত হইয়াছে, "এদেশে প্রজাদিগের শাসন প্রজাদিগের দ্বারা এবং প্রজাদিগের কল্যাণের নিমিত্ত হইবে"—যে একেবারেই ভারতবর্ষে ছিল না, তাহাও নহে। যবন পরিব্রাজকেরা অনেকগুলি ক্ষুদ্র ক্ষুদ্র স্বাধীনতন্ত্র এদেশে দেখিয়াছিলেন, বৌদ্ধদিগের গ্রন্থেও স্থলে স্থলে নিদর্শন পাওয়া যায়, এবং প্রকৃতি দ্বারা অনুমোদিত শাসনপদ্ধতির বীজ যে নিশ্চিত গ্রাম্য পঞ্চায়তে বর্তমান ছিল এবং এখনও স্থানে স্থানে আছে, সে বিষয়ে আর সন্দেহ নাই। কিন্তু সে বীজ যে স্থানে বপিত হইয়াছিল, অঙ্কুর, সেখায় উদ্গত হইল না! এ ভাব ঐ গ্রাম্য পঞ্চায়ৎ ভিন্ন সমাজ মধ্যে কখনও সম্প্রসারিত হয় নাই।

ধর্ম্মসমাজে ত্যাগীদের মধ্যে বৌদ্ধ যতিগণের মঠে, ঐ স্বায়ত্ত শাসনপ্রণালী বিশেষরূপে পরিবদ্ধিত হইয়াছিল, তাহার নিদর্শন যথেষ্ট আছে এবং অদ্যাপিও নাগা সন্ন্যাসীদের মধ্যে পঞ্চের ক্ষমতা ও সম্মান, প্রত্যেক নাগার সম্প্রদায় মধ্যে অধিকার ও উক্ত সম্প্রদায়ের মধ্যে সমবায়-শক্তির কার্য্য দেখিলে চমৎকৃত হইতে হয়।

বৌদ্ধোপপ্লাবনের সঙ্গে সঙ্গে পুরোহিতের শক্তির ক্ষয় ও রাজন্যবর্গের শক্তির বিকাশ।

বৌদ্ধযুগের পুরোহিত সর্ব্বত্যাগী মঠাশ্রয় উদাসীন । "শাপেন চাপেন বা" রাজকুলকে পদানত করিয়া রাখিতে তাঁহাদের উৎসাহ বা ইচ্ছা নাই । থাকিলেও আহুতিভোজী দেবকুলের অবনতির সহিত তাঁহাদের প্রতিষ্ঠাও নিম্নাভিমুখী; কত শত ব্রহ্মা ইন্দ্রাদি বুদ্ধত্বপ্রাপ্ত নরদেবের চরণে প্রণত এবং এই বুদ্ধত্বে মনুষ্যমাত্রেরই অধিকার।

কাজেই রাজশক্তি-রূপ মহাবল যজ্ঞাশ্ব আর পুরোহিত-হস্ত-ধৃত-দৃঢ়-সংযত-রশ্মি নহে; সে এবার আপন বলে স্বচ্ছন্দচারী। এ যুগের শক্তিকেন্দ্র সামগায়ী, যজুর্যাজী পুরোহিতে নাই, রাজশক্তিও ভারতের বিকীর্ণ ক্ষত্রিয়-বংশ-সম্ভূত ক্ষুদ্র ক্ষুদ্র মণ্ডলীপতিতে সমাহিত নহে; এ যুগের দিগ্‌দিগন্তব্যাপী, অপ্রতিহতশাসন,আসমুদ্রক্ষিতীশগণই মানব-শক্তি-কেন্দ্র। এ যুগের নেতা আর বিশ্বামিত্র বশিষ্ঠ নহেন, কিন্তু সম্রাট চন্দ্রগুপ্ত,ধর্ম্মাশোক প্রভৃতি। বৌদ্ধযুগের একছত্রা পৃথিবীপতি সম্রাড়্‌গণের ন্যায় ভারতের গৌরববৃদ্ধিকারী রাজগণ আর কখন ভারত-সিংহাসনে আরূঢ় হন নাই, এ যুগের শেষে আধুনিক হিন্দুধর্ম্ম ও রাজপুতাদি জাতির অভ্যুত্থান। ইহাঁদের হস্তে ভারতের রাজদণ্ড পুনর্ব্বার অথও প্রতাপ হইতে বিচ্যুত হইয়া শত খণ্ড হইয়া যায়। এই সময়ে ব্রাহ্মণ্য শক্তির পুনরভ্যুত্থান রাজশক্তির সহিত সহকারিভাবে উদ্যুক্ত হইয়াছিল।

এ বিপ্লবে—বৈদিক কাল হইতে আরব্ধ হইয়া জৈন ও বৌদ্ধ-বিপ্লবে বিরাটরূপে স্ফুটীকৃত পুরোহিত-শক্তি ও রাজশক্তির যে চিরন্তন বিবাদ—তাহা মিটিয়া গিয়াছে, এখন এ দুই মহাবল পরস্পর সহায়ক; কিন্তু সে মহিমান্বিত ক্ষাত্রবীর্য্যও নাই, ব্রহ্মবীর্য্যও লুপ্ত। পরস্পরের স্বার্থের সহায়, বিপক্ষ পক্ষের সমূল উৎকাষণ, বৌদ্ধবংশের সমূলে নিধন ইত্যাদি কার্য্যে ক্ষয়িতবীর্য্য এ নূতন শক্তি-সংগম, নানাভাগে বিভক্ত হইয়া, প্রায় গতপ্রাণ হইয়া পড়িল; শোণিত-শোষণ, বৈর-নির্য্যাতন, ধনহরণাদি ব্যাপারে নিয়ত নিযুক্ত হইয়া পূর্ব্ব রাজন্যবর্গের রাজসূয়াদি যজ্ঞের হাস্যোদীপক অভিনয়ের অঙ্কপাত মাত্র করিয়া ভাটচারণাদি-

চাটুকারশৃঙ্খলিত-পদ ও মন্ত্রতন্ত্রের মহাবাগ্‌জাল-জড়িত হইয়া, পশ্চিমদেশাগত মুসলমান ব্যাধনিচয়ের সুলভ মৃগয়ায় পরিণত হইল।

যে পুরোহিতশক্তির সহিত রাজশক্তির সংগ্রাম বৈদিক কাল হইতেই চলিতেছিল, ভগবান্ শ্রীকৃষ্ণের অমানব প্রতিভা স্বীয় জীবদ্দশায় যাহার ক্ষত্রপ্রতিবাদিতা প্রায় ভঞ্জন করিয়া দিতে সক্ষম হইয়াছিল, যে ব্রাহ্মণ্যশক্তি জৈন ও বৌদ্ধ উপপ্লাবনে ভারতের কর্ম্মক্ষেত্র হইতে প্রায় অপসৃত হইয়াছিল, অথবা প্রবল প্রতিদ্বন্দ্বী ধর্ম্মের আজ্ঞানুবর্ত্তী হইয়া কথঞ্চিৎ জীবনধারণ করিতেছিল, যাহা মিহিরকুলাদির[৪] ভারতাধিকার হইতে কিছুকাল প্রাণপণে পূর্ব্ব প্রাধান্য স্থাপন করিতে চেষ্ট। করিয়াছিল, এবং ঐ প্রাধান্য স্থাপনের জন্য মধ্য এসিয়া হইতে সমাগত ক্রূরকর্ম্মা বর্ব্বরবাহিনীর পদানত হইয়া, তাহাদের বীভৎস রীতি নীতি স্বদেশে স্থাপন করিয়া, বিদ্যাবিহীন বর্ব্বর ভুলাইবার সোজা পথ মন্ত্রতন্ত্রমাত্র-আশ্রয় হইয়া, এবং তজ্জন্য নিজে সর্ব্বতোভাবে হতবিদ্য, হতবীর্য্য, হতাচার হইয়া, আর্য্যাবর্ত্তকে একটা প্রকাণ্ড বাম বীভৎস ও বর্ব্বরাচারের আবর্ত্তে পরিণত করিয়াছিল, এবং যাহা কুসংস্কার ও অনাচারের অবশ্যম্ভাবী ফলস্বরূপ সারহীন ও অতি দুর্ব্বল হইয়া পড়িয়াছিল, পশ্চিম হইতে সমুত্থিত মুসলমানাক্রমণরূপ প্রবল বায়ুর স্পর্শমাত্রেই তাহা শতধা ভগ্ন হইয়া মৃত্তিকায় পতিত হইল। –পুনর্ব্বার কখনও উঠিবে কি কে জানে?

মুসলমান রাজত্বে অপরদিকে পৌরোহিত্যশক্তির প্রাদুর্ভাব অসম্ভব। হজরৎ মহম্মদ সর্ব্বতোভাবে ঐ শক্তির বিপক্ষ ছিলেন, এবং যথাসম্ভব ঐ শক্তির একান্ত বিনাশের জন্য নিয়মাদি করিয়া গিয়াছেন। মুসলমান রাজত্বে রাজাই স্বয়ং প্রধান পুরোহিত; তিনিই ধর্ম্মগুরু; এবং সম্রাট্ হইলে প্রায়ই সমস্ত মুসলমান জগতের নেতা হইবার আশা রাখেন। য়াহুদী[৫] বা ঈশাহী,[৬] মুসলমানের নিকট সম্যক্ ঘৃণ্য নহে, তাহারা অল্পবিশ্বাসী মাত্র; কিন্তু কাফের মূর্ত্তিপূজাকারী হিন্দু এ জীবনে বলিদান ও অন্তে অনন্ত নরকের ভাগী। সেই কাফেরের

ধর্ম্মগুরুদিগকে—পুরোহিতবর্গকে— দয়া করিয়া কোনও প্রকারে জীবন ধারণ করিতে আজ্ঞামাত্র মুসলমান রাজা দিতে পারেন, তাহাও কখনও কখনও; নতুবা রাজার ধর্ম্মানুরাগ একটু বৃদ্ধি হইলেই কাফেরহত্যারূপ মহাযজ্ঞের আয়োজন!

একদিকে রাজশক্তি, ভিন্নধর্ম্মী ভিন্নাচারী প্রবল রাজগণে সঞ্চারিত; অপর দিকে পৌরোহিত্যশক্তি সমাজশাসনাধিকার হইতে সর্ব্বতোভাবে বিচ্যুত। মন্বাদি ধর্ম্মশাস্ত্রের স্থানে কোরাণোক্ত দণ্ডনীতি, সংস্কৃত ভাষার স্থানে পারসী আরবী। সংস্কৃত ভাষা, বিজিত ঘৃণিত হিন্দুদের ধর্ম্মমাত্র প্রয়োজন রহিল, অতএব পুরোহিতের হস্তে যথাকথঞ্চিৎ প্রাণধারণ করিতে লাগিল আর ব্রাহ্মণ্যশক্তি বিবাহাদি রীতিনীতি পরিচালনেই আপনার দুরাকাঙ্ক্ষা চরিতার্থ করিতে রহিল—তাহাও যতক্ষণ মুসলমান রাজার দয়া।

বৈদিক ও তাহার সন্নিহিত উত্তরকালে পৌরোহিত্য শক্তির পেষণে রাজশক্তির স্ফূর্ত্তি হয় নাই। বৌদ্ধবিপ্লবের পর ব্রাহ্মণ্যশক্তির বিনাশের সঙ্গে সঙ্গে ভারতের রাজশক্তির সম্পূর্ণ বিকাশ আমরা দেখিয়াছি। বৌদ্ধ সাম্রাজ্যের বিনাশ ও মুসলমান সাম্রাজ্য স্থাপন, এই দুই কালের মধ্যে রাজপুত জাতির দ্বারা রাজশক্তির পুনরুদ্ধাবনের চেষ্টা যে বিফল হইয়াছিল, তাহারও কারণ পৌরোহিত্য শক্তির নব জীবনের চেষ্টা।

পদদলিতপৌরোহিত্যশক্তি মুসলমান রাজা, বহু পরিমাণে মৌর্য্য, গুপ্ত, আন্ধ্র, ক্ষাত্রপাদি[৭] সম্রাড়বর্গের গৌরবশ্রী পুনরুদ্ধাসিত করিতে সক্ষম হইয়াছিল।

এই প্রকারে কুমারিল্ল হইতে শ্রীশঙ্কর ও শ্রীরামানুজাদি পরিচালিত, রাজপুতাদিবাহ, জৈনবৌদ্ধরুধিরাক্তকলেবর, পুনরভ্যুত্থানেচ্ছু ভারতের পৌরোহিত্যশক্তি মুসলমানাধিকারযুগে চিরদিনের মত প্রসুপ্ত রহিল। যুদ্ধবিগ্রহ, প্রতিদ্বন্দ্বিতা এ যুগে কেবল রাজায় রাজায়! এ

যুগের শেষে যখন হিন্দুশক্তি মহারাষ্ট্র বা শিখবীর্য্যের মধ্যগত হইয়া হিন্দুধর্ম্মের কথঞ্চিৎ পুনঃস্থাপনে সমর্থ হইয়াছিল, তখনও তাহার সঙ্গে পৌরোহিত্য শক্তির বিশেষ কার্য্য ছিল না; এমন কি, শিখেরা প্রকাশ্যভাবে ব্রাহ্মণ-চিহ্নাদি পরিত্যাগ করাইয়া স্বধর্ম্মলিঙ্গে ভূষিত করিয়া ব্রাহ্মণসন্তানকে স্বসম্প্রদায়ে গ্রহণ করে।

এই প্রকারে বহু ঘাতপ্রতিঘাতের পর রাজশক্তির শেষ জয় ভিন্নধর্ম্মাবলম্বী রাজন্যবর্গের নামে কয়েক শতাব্দী ধরিয়া ভারত আকাশে প্রতিধ্বনিত হইল। কিন্তু এই যুগের শেষভাগে ধীরে ধীরে একটি অভিনব শক্তি ভারত-সংসারে আপনার প্রভাব বিস্তার করিতে লাগিল।

এ শক্তি এত নূতন, ইহার জন্ম কর্ম্ম ভারতবাসীর পক্ষে এমন অভাবনীয়, ইহার প্রভাব এমনই দুর্দ্ধর্ষ যে, এখনও অপ্রতিহতদণ্ডধারী হইলেও মুষ্টিমেয় মাত্র। ভারতবাসী বুঝিতেছে, এ শক্তিটি কি—

আমরা ইংলণ্ডের ভারতাধিকারের কথা বলিতেছি।

অতি প্রাচীনকাল হইতেই ধনধান্য পূর্ণ ভারতের বিশাল ক্ষেত্র প্রবল বিদেশীর অধিকারস্পৃহা উদ্দীপিত করিয়াছে। বারম্বার ভারতবাসী বিজাতির পদদলিত হইয়াছে। তবে ইংলণ্ডের ভারতাধিকার-রূপ বিজয়ব্যাপারকে এত অভিনব বলি কেন?

অধ্যাত্মবলে মন্ত্রবলে শাস্ত্রবলে বলীয়ান্‌, শাপাস্ত্র, সংসারস্পৃহাশূন্য তপস্বীর ভ্রূকুটি সম্মুখে দুর্দ্ধর্ষ রাজশক্তিকে কম্পান্বিত হইতে ভারতবাসী চিরকালই দেখিয়া আসিতেছে। সৈন্যসহায়, মহাবীর, শস্ত্রবল রাজগণের অপ্রতিহত বীর্য্য ও একাধিপত্যের সম্মুখে প্রজাকুল, সিংহের সম্মুখে অজাযূথের ন্যায়, নিঃশব্দে আজ্ঞাবহন করে, তাহাও দেখিয়াছে; কিন্তু যে বৈশ্যকুল, রাজগণের কথা দূরে থাকুক, রাজকুটুম্বগণের কাহারও সম্মুখে মহাধনশালী হইয়াও সর্ব্বদা বদ্ধহস্ত ও ভয়ত্রস্ত, মুষ্টিমেয় সেই বৈশ্য

একত্রিত হইয়া ব্যাপার অনুরোধে নদী সমুদ্র উল্লঙ্ঘন করিয়া কেবল বুদ্ধি ও অর্থবলে ধীরে ধীরে চিরপ্রতিষ্ঠিত হিন্দু মুসলমান রাজগণকে আপনাদের ক্রীড়া-পুতুলিকা করিয়া ফেলিবে, শুধু তাহাই নহে, স্বদেশীয় রাজন্যগণকেও অর্থবলে আপনাদের ভৃত্যত্ব স্বীকার করাইয়া তাহাদের শৌর্য্যবীর্য্য ও বিদ্যাবলকে নিজেদের ধনাগমের প্রবল যন্ত্র করিয়া লইবে ও যে দেশের মহাকবির অলৌকিক তুলিকায় উন্মেষিত, গর্ব্বিত লর্ড একজন সাধারণ ব্যক্তিকে বলিতেছেন, 'পামর, রাজসামন্তের পবিত্র দেহ স্পর্শ করিতে সাহস করিস', অচিরকাল মধ্যে ঐ দেশের প্রবল সামন্তবর্গের উত্তরাধিকারীরা যে ইষ্ট ইণ্ডিয়া কোম্পানী নামক বণিক্‌ সম্প্রদায়ের আজ্ঞাবহ ভৃত্য হইয়া ভারতবর্ষে প্রেরিত হওয়া মানবজীবনের উচ্চাকাঙ্ক্ষার শেষ সোপান ভাবিবে, ভারতবাসী কখনও দেখে নাই!!

সত্ত্বাদি গুণত্রয়ের বৈষম্যতারতম্যে প্রসূত ব্রাহ্মণাদি চতুর্ব্বর্ণ সনাতন কাল হইতেই সকল সভ্য-সমাজে বিদ্যমান আছে । কালপ্রভাবে আবার দেশভেদে ঐ চতুর্ব্বর্ণের কোন কোনটির সংখ্যাধিক্য বা প্রতাপাধিক্য ঘটিতে থাকে, কিন্তু পৃথিবীর ইতিহাস আলোচনায় বোধ হয় যে, প্রাকৃতিক নিয়মের বশে ব্রাহ্মণাদি চারিজাতি যথাক্রমে বসুন্ধরা ভোগ করিবে ।

চীন,   সুমের,[৮] বাবিল,[৯] মিসরি,   খল্‌দে,[১০] আর্য্য, ইরানি,[১১] য়াহুদি, আরাব, এই সমস্ত জাতির মধ্যেই সমাজনেতৃত্ব প্রথম যুগে ব্রাহ্মণ বা পুরোহিত হস্তে । দ্বিতীয়যুগে ক্ষত্রিয়কুল অর্থাৎ রাজসমাজ বা একাধিকারী রাজার অভ্যুদয়।

বৈশ্য বা বাণিজ্যের দ্বারা ধনশালী সম্প্রদায়ের সমাজনেতৃত্ব, কেবল ইংলণ্ডপ্রমুখ আধুনিক পাশ্চাত্যজাতিদিগের মধ্যেই প্রথম ঘটিয়াছে।

যদ্যপি ও প্রাচীন টায়র, কার্থেজ এবং অপেক্ষাকৃত অর্ব্বাচীন কালে ভেনিসাদি বাণিজ্যপ্রাণ ক্ষুদ্র ক্ষুদ্র রাজ্য বহুপ্রতাপশালী হইয়াছিল, কিন্তু তথায়ও যথার্থ বৈশ্যের অভ্যুদয় ঘটে নাই।

প্রাচীন রাজকুলের বংশধরেরাই সাধারণ ব্যক্তিগণ ও আপনাদিগের দাসবর্গের সহায়তায় ঐ বাণিজ্য করাইতেন এবং তাহার উদ্বৃত্তও ভোগ করিতেন। দেশশাসনাদি কার্য্যে সেই কতিপয় পুরুষ সওয়ায়, অন্য কাহারও কোন বাঙনিষ্পত্তির অধিকার ছিল না। মিসরাদি প্রাচীন দেশসমূহে ব্রাহ্মণ্যশক্তি অল্প দিন প্রাধান্য উপভোগ করিয়া রাজন্য শক্তির অধীন ও সহায় হইয়া, বাস করিয়াছিল। চীন দেশে কংফুছের[১২] প্রতিভায় কেন্দ্রীভূত রাজশক্তি, সার্দ্ধ দ্বিসহস্র বৎসরেরও অধিককাল পৌরোহিত্য শক্তিকে আপন স্বেচ্ছানুসারে পালন করিতেছে, এবং গত দুই শতাব্দী ধরিয়া সর্ব্বগ্রাসী তিব্বতীয় লামার রাজগুরু হইয়াও সর্ব্ব প্রকারে সম্রাটের অধীন হইয়া কালযাপন করিতেছেন।

ভারতবর্ষে রাজশক্তির জয় ও বিকাশ অন্যান্য প্রাচীন সভ্য জাতিদের অপেক্ষা অনেক পরে হইয়াছিল, এবং তজ্জন্যই চীন মিসর বাবিলাদি জাতিদিগের অনেক পরে ভারতে সাম্রাজ্যের অভ্যুত্থান। এক য়াহুদী জাতির মধ্যে রাজশক্তি বহু চেষ্টা করিয়াও পৌরোহিত্য শক্তির উপর স্বীয় আধিপত্য বিস্তারে সম্পূর্ণ অক্ষম হইয়াছিল। বৈশ্যবর্গও সে দেশে কখনও ক্ষমতা লাভ করে নাই। সাধারণ প্রজা পৌরোহিত্য-বন্ধন-মুক্ত হইবার চেষ্টা করিয়া, অভ্যন্তরে ঈশাহি ইত্যাদি ধর্ম্মসম্প্রদায়সংঘর্ষে ও বাহিরে মহাবল রোমক রাজ্যের পেষণে উৎসন্ন হইয়া গেল।

যে প্রকার প্রাচীন যুগে রাজশক্তির পরাক্রমে ব্রাহ্মণ্য শক্তি বহু চেষ্টা করিয়াও পরাজিত হইয়াছিল, সেই প্রকার এই যুগে নর্ব্বোদিত বৈশ্যশক্তির প্রবলাঘাতে, কত রাজমুকুট ধূল্যবলুণ্ঠিত হইল, কত রাজদণ্ডও

চিরদিনের মত ভগ্ন হইল। যে কয়েকটী সিংহাসন সুসভ্য দেশে কথঞ্চিৎ প্রতিষ্ঠিত রহিল, তাহাও তৈল লবণ শর্করা বা সুরা ব্যবসায়ীদের পণ্যলব্ধ প্রভূত ধনরাশির প্রভাবে আমীর ওমরাহ সাজিয়া নিজ নিজ গৌরব বিস্তারের আস্পদ বলিয়া।

যে নূতন মহাশক্তির প্রভাবে মুহূর্ত মধ্যে তড়িৎ-প্রবাহ এক মেরুপ্রান্ত হইতে প্রান্তান্তরে বার্তা বহন করিতেছে, মহাচলের ন্যায় তুঙ্গতরঙ্গায়িত মহোদধি যাহার রাজপথ, যাহার নিদেশে এক দেশের পণ্যচয় অবলীলাক্রমে অন্যদেশে সমানীত হইতেছে এবং আদেশে সম্রাট্‌কুলও কম্পমান, সংসারসমুদ্রের সর্ব্বজয়ী এই বৈশ্যশক্তির অভ্যুত্থানরূপ মহা তরঙ্গের শীর্ষস্থ শুভ্র ফেনরাশির মধ্যে ইংলণ্ডের সিংহাসন প্রতিষ্ঠিত।

অতএব ইংলণ্ডের ভারতাধিকার বাল্যে শ্রুত ঈশামসি বা বাইবেল পুস্তকের ভারতজয়ও নহে, পাঠান মোগলাদি সম্রাড়্‌গণের।সম্রাটগনের ভারত বিজয়ের ন্যায়ও নহে। কিন্তু ঈশামসি, বাইবেল, রাজপ্রাসাদ, চতুরঙ্গিনিবলের ভূকম্পকারী পদক্ষেপ, তুরীভেরীর নিনাদ, রাজসিংহাসনের বহু আড়ম্বর, এ সকলের পশ্চাতে বাস্তব ইংলণ্ড বিদ্যমান। সে ইংলণ্ডের ধ্বজা–কলের চিমনি, বাহিনী–পণ্যপোত, যুদ্ধক্ষেত্র-জগতের পণ্যবীথিকা এবং সম্রাজ্ঞী–স্বয়ং সুবর্ণাঙ্গী শ্রী।

এই জন্যই পূর্ব্বে বলিয়াছি, এটি অতি অভিনব ব্যাপার—ইংলণ্ডের ভারতবিজয়। এ নূতন মহাশক্তির সঙ্ঘর্ষে ভারতে কি নূতন বিপ্লব উপস্থিত হইবে ও তাহার পরিণামে ভারতের কি পরিবর্ত্তন প্রসাধিত হইবে, তাহা ভারতেতিহাসের গত কাল হইতে অনুমিত হইবার নহে।

পূর্ব্বে বলিয়াছি, ব্রাহ্মণ, ক্ষত্র, বৈশ্য, শূদ্র চারি বর্ণ পর্য্যায়ক্রমে পৃথিবী ভোগ করে। প্রত্যেক বর্ণেরই রাজত্ব কালে কতকগুলি লোকহিতকর এবং অপর কতকগুলি অহিতকর কার্য্যের অনুষ্ঠান হয়।

পৌরোহিত্য শক্তির ভিত্তি বুদ্ধিবলের উপর, বাহুবলের উপর নহে, এজন্য পুরোহিতদিগের প্রাধান্যের সঙ্গে সঙ্গে বিদ্যাচর্চ্চার আবির্ভাব। অতীন্দ্রিয় আধ্যাত্মিক জগতের বার্তা ও সহায়তার জন্য সর্ব্বমানবপ্রাণ সদাই ব্যাকুল। সাধারণের সেখায় প্রবেশ অসম্ভব; জড়বূহ্য ভেদ করিয়া ইন্দ্রিয়সংযমী অতীন্দ্রিয়দর্শী সত্বগুণপ্রধান পুরুষেরাই সে রাজ্যে গতিবিধি রাখেন, সংবাদ আনেন এবং অন্যকে পথ প্রদর্শন করেন। ইঁহারাই পুরোহিত, মানব সমাজের প্রথম গুরু, নেতা ও পরিচালক ।

দেববিৎ পুরোহিত দেববং পূজিত হয়েন। মাথার ঘাম পায়ে ফেলিয়া আর তাঁহাকে অন্নের সংস্থান করিতে হয় না। সর্ব্বভোগের অগ্রভাগ দেবপ্রাপ্য, দেবতাদের মুখাদি পুরোহিত-কুল । সমাজ তাঁহাকে জ্ঞাত বা অজ্ঞাতসারে যথেষ্ট সময় দেয়, কাজেই পুরোহিত চিন্তাশীল হয়েন এবং তজ্জন্যই পুরোহিত-প্রাধান্যে প্রথম বিদ্যার উন্মেষ। দুর্দ্ধর্ষ ক্ষত্রিয়সিংহের এবং ভয়কম্পিত প্রজাঅজাযূথের মধ্যে পুরোহিত দণ্ডায়মান। সিংহের সর্ব্বনাশেচ্ছা পুরোহিতহস্তধৃত অধ্যাত্মরূপ কশার তাড়নে নিয়মিত। ধনজনমদোন্মত্ত ভূপালবৃন্দের যথেচ্ছাচাররূপ অগ্নিশিখা সকলকেই ভস্ম করিতে সক্ষম, কেবল ধনজনহীন দরিদ্র তপোবলসহায় পুরোহিতের বাণীরূপ জলে সে অগ্নি নির্ব্বাপিত । পুরোহিত-প্রাধান্যে সভ্যতার প্রথম আবির্ভাব, পশুত্বের উপর দেবত্বের প্রথম বিজয়, জড়ের উপর চেতনের প্রথম অধিকার বিস্তার, প্রকৃতির ক্রীতদাস জড়পিণ্ডবৎ মনুষ্যদেহের মধ্যে অস্ফুটভাবে যে অধীশ্বরত্ব লুক্কায়িত, তাহার প্রথম বিকাশ। পুরোহিত জড় চেতনের প্রথম বিভাজক, ইহপরলোকের সংযোগসহায়, দেব-মনুষ্যের বার্তাবহ, রাজা প্রজার মধ্যবর্ত্তী সেতু। বহুকল্যাণের প্রথমাঙ্কুর, তাঁহারই তপোবলে, তাঁহারই বিদ্যানিষ্ঠায়, তাঁহারই ত্যাগমন্ত্রে, তাঁহারই প্রাণসিঞ্চনে সমুদ্ভূত;

এজন্যই সর্ব্বদেশে প্রথম পূজা তিনিই পাইয়াছিলেন, এজন্যই তাঁহাদের স্মৃতিও আমাদের পক্ষে পবিত্র।

দোষও আছে; প্রাণ-স্ফূর্ত্তির সঙ্গে সঙ্গেই মৃত্যুবীজ উপ্ত। অন্ধকার আলোর সঙ্গে সঙ্গে চলে। প্রবল দোষও আছে, যাহা কালে সংযত না হইলে সমাজের বিনাশ সাধন করে। স্কুলের মধ্য দিয়া শক্তির বিকাশ সার্ব্বজনীন প্রত্যক্ষ; অস্ত্রশস্ত্রের ছেদভেদ, অগ্ন্যাদির দাহিকাদিশক্তি স্থূল প্রকৃতির প্রবল সঙ্ঘর্ষ সকলেই দেখে, সকলেই বুঝে। ইহাতে কাহারও সন্দেহ হয় না, মনেও দ্বিধা থাকে না । কিন্তু যেখানে শক্তির আধার ও বিকাশকেন্দ্র কেবল মানসিক, যেখানে বল কেবল শব্দবিশেষে, উচ্চারণবিশেষে, জপবিশেষে, বা অন্যান্য মানসিক প্রয়োগবিশেষে, সেথায় আলোয় আঁধার মিশিয়া আছে; বিশ্বাসে সেথায় জোয়ার ভাটা স্বাভাবিক, প্রত্যক্ষেও সেথায় কখন কখন সন্দেহ হয়। যেথায় রোগ, শোক, ভয়, তাপ, ঈর্ষা, বৈরনির্য্যাতন সমস্তই উপস্থিত বাহুবল ছাড়িয়া, স্থূল উপায় ছাড়িয়া ইষ্ট সিদ্ধির জন্য কেবল স্তম্ভন, উচ্চাটন, বশীকরণ মারণাদির আশ্রয় গ্রহণ করে স্থূল সূক্ষ্মের মধ্যবর্ত্তী এই কুজ্ঝটিকাময়, প্রহেলিকাময় জগতে যাঁহারা নিয়ত বাস করেন, তাঁহাদের মধ্যেও যেন একটা ঐ প্রকার ধূম্রময়ভাব আপনা আপনি প্রবিষ্ট হয়। সে মনের সম্মুখে সরলরেখা প্রায়ই পড়ে না, পড়িলে ও মন তাহাকে বক্র করিয়া লয়। ইহার পরিণাম অসরলতা— হৃদয়ের অতি সঙ্কীর্ণ, অতি অনুদার ভাব; আর সর্ব্বাপেক্ষা মারাত্মক, নিদারুণ ঈর্ষাপ্রসূত অপরাসহিষ্ণুতা। যে বলে আমার দেবতা বশ, রোগাদির উপর আধিপত্য, ভূত প্রেতাদির উপর বিজয়, যাহার বিনিময়ে আমার পার্থিব সুখ, স্বচ্ছন্দ, ঐশ্বর্য্য, তাহা অন্যকে কেন দিব? আবার তাহা সম্পূর্ণ মানসিক। গোপন করিবার সুবিধা কত! এ ঘটনাচক্র মধ্যে মানবপ্রকৃতির যাহা হইবার তাহাই হয়; সর্ব্বদা আত্মগোপন অভ্যাস করিতে করিতে স্বার্থপরতা ও কপটতার আগমন, ও তাহার বিষময় ফল। কালে গোপনেচ্ছার প্রতিক্রিয়াও আপনার উপর আসিয়া

পড়ে। বিনাভ্যাসে বিনা বিতরণে প্রায় সর্ব্ব বিদ্যার নাশ; যাহা বাকী থাকে, তাহাও অলৌকিক দেব উপায়ে প্রাপ্ত বলিয়া আর তাহাকে মার্জ্জিত করিবারও (নূতন বিদ্যার কথা ত দূরে থাকুক) চেষ্টা বৃথা বলিয়া ধারণা হয়। তাহার পর বিদ্যাহীন, পুরুষকারহীন, পূর্ব্বপুরুষদের নামমাত্রধারী পুরোহিতকুল, পৈতৃক অধিকার, পৈতৃক সম্মান, পৈতৃক আধিপত্য অক্ষুন্ন রাখিবার জন্য যেন তেন প্রকারেণ চেষ্টা করেন; অন্যান্য জাতির সহিত কাজেই বিষম সঙ্ঘর্ষ।

প্রাকৃতিক নিয়মে জরাজীর্ণের স্থানে নবপ্রাণোন্মেষের প্রতিস্থাপনের স্বাভাবিক চেষ্টায় উহা সমুপস্থিত হয়। এ সংগ্রামে জয় বিজয়ের ফলাফল পূর্ব্বেই বর্ণিত হইয়াছে।

উন্নতির সময় পুরোহিতের যে তপস্যা, যে সংযম, যে ত্যাগ সত্যের অনুসন্ধানে সম্যক প্রযুক্ত ছিল, অবনতির পূর্ব্বকালে তাহাই আবার কেবলমাত্র ভোগ্যসংগ্রহে বা আধিপত্য বিস্তারে সম্পূর্ণ ব্যয়িত। যে শক্তির আধারত্বে তাঁহার মান, তাঁহার পূজা, সেই শক্তিই এখন স্বর্গধাম হইতে নরকে সমানীত। উদ্দেশ্যহারা, খেইহারা, পৌরোহিত্যশক্তি উর্ণাকীটবৎ আপনার কোষে আপনিই বদ্ধ; যে শৃঙ্খল অপরের পদের জন্য পুরুষানুক্রমে অতি যত্নের সহিত বিনির্ম্মিত, তাহা নিজের গতিশক্তিকে শত বেষ্টনে প্রতিহত করিয়াছে; যে সকল পুঙ্খানুপুঙ্খ বহিঃশুদ্ধির আচারজাল সমাজকে বজ্রবন্ধনে রাখিবার জন্য চারিদিকে বিস্তৃত হইয়াছিল, তাহারই তন্তুরাশিদ্বারা আপাদ-মস্তক-বিজড়িত পৌরোহিত্যশক্তি হতাশ হইয়া নিদ্রিত। আর উপায় নাই, এজাল ছিঁড়িলে আর পুরোহিতের পৌরোহিত্য থাকে না। যাঁহারা এ কঠোর বন্ধনের মধ্যে স্বাভাবিক উন্নতির বাসনা অত্যন্ত প্রতিহত দেখিয়া এ জাল ছিঁড়িয়া অন্যান্য জাতির রীতি অবলম্বনে ধন-সঞ্চয়ে নিযুক্ত, সমাজ তৎক্ষণাৎ তাঁহাদের পৌরোহিত্য অধিকার কাড়িয়া লইতেছেন। শিখাহীন টেড়িকাটা, অর্দ্ধ ইউরোপীয় বেশভূষা আচারাদিনুমণ্ডিত ব্রাহ্মণের ব্রহ্মণ্যে সমাজ বিশ্বাসী নহেন। আবার, ভারতবর্ষে যেথায় এই নবাগত

ইউরোপী রাজ্য, শিক্ষা এবং ধনাগমের উপায় বিস্তৃত হইতেছে, সেখায়ই পুরুষানুক্রমাগত পৌরোহিত্য ব্যবসা পরিত্যাগ করিয়া দলে দলে ব্রাহ্মণযুবকবৃন্দ অন্যান্য জাতির রত্তি অবলম্বন করিয়া ধনবান হইতেছে এবং সঙ্গে সঙ্গেই পুরোহিত পূর্ব্বপুরুষদের আচার ব্যবহার একেবারে রসাতলে যাইতেছে।

গুর্জরদেশে ব্রাহ্মণজাতির মধ্যে প্রত্যেক অবান্তর সম্প্রদায়েই দুইটি করিয়া ভাগ আছে, একটা পুরোহিত ব্যবসায়ী অপরটা অপর কোনও বৃত্তি দ্বারা জীবিকা করে। এই পুরোহিত ব্যবসায়ী সম্প্রদায়ই উক্ত প্রদেশে ব্রাহ্মণ নামে অভিহিত এবং অপর সম্প্রদায় একই ব্রাহ্মণকুলপ্রসূত হইলেও পুরোহিত ব্রাহ্মণের তাঁহাদের সহিত যৌন সম্বন্ধে আবদ্ধ হন না। যথা "নাগর ব্রাহ্মণ* বলিলে উক্ত ব্রাহ্মণজাতির মধ্যে যাঁহারা ভিক্ষাবৃত্ত পুরোহিত, তাঁহাদিগকেই কেবল বুঝাইবে "নাগর" বলিলে উক্ত জাতির যাঁহারা রাজকর্ম্মচারী বা বৈশ্যবৃত্ত, তাঁহাদিগকে বুঝায়। কিন্তু এক্ষণে দেখা যাইতেছে যে, উক্ত প্রদেশ সমূহেও এ বিভাগ আর বড় চলে না। নাগর ব্রাহ্মণের পুত্রেরাও ইংরাজী পড়িয়া রাজকর্ম্মচারী হইতেছে, অথবা বাণিজ্যাদি ব্যাপার অবলম্বন করিতেছে। টোলের অধ্যাপকেরা সকল কষ্ট সহ্য করিয়া আপনাপন পুত্রদিগকে ইংরাজী বিশ্ববিদ্যালয়ে প্রবিষ্ট করাইতেছেন এবং বৈদ্য কায়স্থাদির বৃত্তি অবলম্বন করাইতেছেন। যদি এইপ্রকার স্রোত চলে, তাহা হইলে বর্তমান পুরোহিত জাতি আর কতদিন এদেশে থাকিবেন, বিবেচ্য বিষয় সন্দেহ নাই। যাঁহারা সম্প্রদায়বিশেষ বা ব্যক্তিবিশেষের উপর ব্রাহ্মণজাতির অধিকার-বিচ্যুতি-চেষ্টারূপ দোষারোপ করেন, তাঁহাদের জানা উচিত যে, ব্রাহ্মণ জাতি প্রাকৃতিক অবশ্যম্ভাবী নিয়মের অধীন হইয়া আপনার সমাধিমন্দির আপনিই নির্ম্মাণ করিতেছেন। ইহাই কল্যাণপ্রদ, প্রত্যেক অভিজাত জাতির স্বহস্তে নিজের চিতা নির্ম্মাণ করাই প্রধান কর্তব্য।

শক্তিসঞ্চয় যে প্রকার আবশ্যক, তাহার বিকীরণও সেইরূপ বা তদপেক্ষা অধিক আবশ্যক। হৃৎপিণ্ডে রুধিরসঞ্চয় অত্যাবশ্যক, তাহার শরীরময় সঞ্চালন না হইলেই মৃত্যু। কুলবিশেষে বা জাতিবিশেষে সমাজের কল্যাণের জন্য বিদ্যা বা শক্তি কেন্দ্রীভূত হওয়া এককালের জন্য অতি আবশ্যক, কিন্তু সেই কেন্দ্রীভূত শক্তি কেবল সর্ব্বত: সঞ্চারের জন্য পুঞ্জীকৃত। যদি তাহা না হইতে পায়, সে সমাজশরীর নিশ্চয়ই ক্ষিপ্র মৃত্যুমুখে পতিত হয়।

অপরদিকে রাজসিংহে মৃগেন্দ্রের গুণদোষরাশি সমস্তই বিদ্যমান। একদিকে আত্মভোগেচ্ছায় কেশরীর করাল নখরাজী তৃণগুল্মভোজী পশুকুলের হৃৎপিণ্ড বিদারণে মুহূর্ত্তও কুণ্ঠিত নহে, আবার কবি বলিতেছেন, ক্ষুৎক্ষাম জরাজীর্ণ হইলেও ক্রোড়াগত জম্বুক সিংহের ভক্ষ্যরূপে কখনই গৃহীত হয় না। প্রজাকুল রাজশার্দ্দুলের ভোগেচ্ছার বিঘ্ন উপস্থিত করিলেই তাহাদের সর্ব্বনাশ, বিনীত হইয়া রাজাজ্ঞা শিরোধার্য্য করিলেই তাহারা নিরাপদ। শুধু তাহাই নহে, সমান প্রযত্ন, সমান আকৃতি, সাধারণ সম্বরক্ষার্থ ব্যক্তিগত স্বার্থত্যাগ, পুরাকালের কি কথা, আধুনিক সময়েও কোনও দেশে সম্যক্‌রূপে উপলব্ধ হয় নাই। রাজরূপকেন্দ্র তজ্জন্যই সমাজ দ্বারা সৃষ্ট, শক্তিসমষ্টি সেই কেন্দ্রে পুঞ্জীকৃত এবং তথা হইতেই চারিদিকে সমাজশরীরে প্রসূত ব্রাহ্মণাধিকারে যে প্রকার জ্ঞানেচ্ছার প্রথম উদ্বোধন ও শৈশবাবস্থায় যত্নে পরিপালন, ক্ষত্রিয়াধিকারে সেই প্রকার ভোগেচ্ছার পুষ্টি এবং তৎসহায়ক বিদ্যানিচয়ের সৃষ্টি ও উন্নতি।

মহিমান্বিত লোকেশ্বর কি পর্ণকুটীরে উন্নত মস্তক লুক্কায়িত রাখিতে পারেন, বা জনসাধারণলভ্য ভোজ্যাদি তাঁহার তৃপ্তি সাধনে সক্ষম?

নরলোকে যাঁহার মহিমার তুলনা নাই, দেবত্বের যাঁহাতে আরোপ, তাঁহার উপভোগ্য বস্তুর উপর অপর সাধারণের দৃষ্টিক্ষেপই

মহাপাপ, লাভেচ্ছার ত কথাই নাই। রাজশরীর সাধারণ শরীরের ন্যায় নহে, তাহাতে অশৌচাদি দোষ স্পর্শে না, অনেক দেশে সে শরীরের মৃত্যু হয় না।) অসূর্য্যস্পশ্যরূপা রাজদারাগণও এই ভাব হইতে সর্ব্বতোভাবে লোকলোচনের সাক্ষাতে আবরিত। কাজেই পর্ণকুটীরের স্থানে অট্টালিকার সমুত্থান, গ্রাম্যকোলাহলের, পরিবর্ত্তে মধুর কৌশলকলাবিশিষ্ট সঙ্গীতের ধরাতলে আগমন। সুরম্য আরাম, উপবন, মনোমোহন আলেখ্যনিচয়,ভাস্কর্য্যরত্নাবলী, সুকুমার কৌষেয়াদি বস্ত্র—শনৈঃপদসঞ্চারে প্রাকৃতিক কানন জঙ্গল স্থূল বেশভূষাদির স্থান অধিকার করিতে লাগিল। লক্ষ লক্ষ বুদ্ধিজীবী পরিশ্রমবহুল কৃষিকার্য্য ত্যাগ করিয়া অল্পশ্রমসাধ্য ও সূক্ষ্মবুদ্ধির রঙ্গভূমি শত শত কলায় মনোনিবেশ করিল। গ্রামের গৌরব লুপ্ত হইল। নগরের আবির্ভাব হইল।

ভারতবর্ষে আবার বিষয়ভোগতৃপ্ত মহারাজগণ অন্তে অরণ্যাশ্রয়ী হইয়া ধ্যাত্মবিদ্যার প্রথম গভীর আলোচনায় প্রবৃত্ত হন। অত ভোগের পর বৈরাগ্য আসিতেই হইবে। সে বৈরাগ্য এবং গভীর দার্শনিক চিন্তার ফলস্বরূপ অধ্যাত্মতত্ত্বে একান্ত অনুরাগ এবং মন্ত্রবহুল ক্রিয়াকাণ্ডে অত্যন্ত বিতৃষ্ণা, উপনিষদ, গীতা এবং জৈন ও বৌদ্ধদের গ্রন্থে বিস্তৃতরূপে প্রচারিত। এস্থানেও ভারতে পৌরোহিত্য ও রাজন্যশক্তিদ্বয়ের বিষম কলহ। কর্ম্মকাণ্ডের বিলোপে পুরোহিতের বৃত্তিনাশ, কাজেই স্বভাবতঃ সর্ব্বকালের সর্ব্বদেশের পুরোহিত প্রাচীন রীতিনীতির রক্ষায় বদ্ধপরিকর, অপর দিকে শাপ ও চাপ উভয়হস্ত জনকাদি ক্ষত্রিয়কুল; সে বিষম দ্বন্দ্বের কথা পূর্ব্বেই বলা হইয়াছে।

পুরোহিত যে প্রকার সর্ব্ববিদ্যা কেন্দ্রীভূত করিতে সচেষ্ট, রাজা সেইপ্রকার সকল পার্থিবশক্তি কেন্দ্রীভূত করিতে যত্নবান্। উভয়েরই উপকার আছে। উভয় বস্তুই সময়বিশেষে সমাজের কল্যাণের জন্য আবশ্যক, কিন্তু সে কেবল সমাজের শৈশবাবস্থায়। যৌবনপূর্ণদেহ সমাজকে বালোপযোগী বস্ত্রে বলপূর্ব্বক আবদ্ধ করিবার চেষ্টা করিলে,

হয় সমাজ স্বীয় তেজে বন্ধন ছিন্ন করিয়া অগ্রসর হয় ও যথায় তাহা করিতে অক্ষম, সেখায় ধীরে ধীরে পুনর্ব্বার অসভ্যাবস্থায় পরিণত হয়।

রাজা প্রজাদিগের পিতামাতা, প্রজার। তাঁহার শিশুসন্তান। প্রজাদের সর্ব্বতোভাবে রাজমুখাপেক্ষী হইয়া থাকা উচিত এবং রাজা সর্ব্বদা নিরপেক্ষ হইয়া আপন ঔরসজাত সন্তানের ন্যায় তাহাদিগকে পালন করিবেন। কিন্তু যে নীতি গৃহে গৃহে প্রয়োজিত, তাহা সমগ্র দেশেও প্রচার। সমাজ–গৃহের সমষ্টি মাত্র। 'প্রাপ্তে তু ষোড়শে বর্ষে' যদি প্রতি পিতার পুত্রকে মিত্রের ন্যায় গ্রহণ করা উচিত, সমাজশিশু কি সে ষোড়শবর্ষ কখনই প্রাপ্ত হয় না? ইতিহাসের সাক্ষ্য এই যে, সকল সমাজই এক সময়ে উক্ত যৌবনদশায় উপনীত হয় এবং সকল সমাজেই সাধারণ ব্যক্তিনিচয়ের সহিত শক্তিমান্ শাসনকারীদের সংঘর্ষ উপস্থিত হয়। এ যুদ্ধে জয় পরাজয়ের উপর সমাজের প্রাণ, বিকাশ ও সভ্যতা নির্ভর করে। ভারতবর্ষ ধর্ম্মপ্রাণ, ধর্ম্মই এ দেশের ভাষা এবং সকল উদ্যোগের লিঙ্গ। বারম্বার এ বিপ্লব ভারতেও ঘটিতেছে, কেবল এ দেশে তাহা ধর্ম্মের নামে সংসাধিত। চার্ব্বাক, জৈন, বৌদ্ধ, শঙ্কর, রামানুজ, কবীর, নানক, চৈতন্য, ব্রাহ্মসমাজ, আর্য্যসমাজ ইত্যাদি সমস্ত সম্প্রদায়ের মধ্যে সম্মুখে ফেনিল বজ্রঘোষী ধর্ম্মতরঙ্গ, পশ্চাতে সমাজনৈতিক অভাবের পূরণ। অর্থহীন শব্দনিচয়ের উচ্চারণে যদি সর্ব্বকামনা সিদ্ধ হয়, তাহা হইলে কে আর বাসনাতৃপ্তির জন্য কষ্টসাধ্য পুরুষকারকে অবলম্বন করিবে? সমগ্র সমাজশরীরে যদি এই রোগ প্রবেশ করে, সমাজ একেবারে উদ্যমবিহীন হইয়া বিনাশ প্রাপ্ত হইবে। কাজেই প্রত্যক্ষবাদী চার্ব্বাকদিগের স্বঙ্গ মাংসভেদী শ্লেষের আবির্ভাব। পশুমেধ, নরমেধ, অশ্বমেধ ইত্যাদি বহুল কর্ম্মকাণ্ডের প্রাণ-নিপীড়ক ভার হইতে সমাজকে সদাচার ও জ্ঞানমাত্রাশ্রয় জৈন এবং অধিকৃতজাতিদিগের নিদারুণ অত্যাচার হইতে নিম্নস্তরস্থ মনুষ্যকুলকে বৌদ্ধবিপ্লব ভিন্ন কে উদ্ধার করিত? কালে যখন, বৌদ্ধধর্ম্মের প্রবল সদাচার মহা অনাচারে পরিণত হইল ও সাম্যবাদের অতিশয্যে স্বগৃহে

প্রবিষ্ট নানা বর্ব্বর জাতির পৈশাচিক নৃত্যে সমাজ টলমলায়মান হইল, তখন যথাসম্ভব পূর্ব্বভাব পুনঃস্থাপনের জন্য শঙ্কর ও রামানুজের চেষ্টা আবার কবীর, নানক, চৈতন্য, ব্রাহ্মসমাজ ও আর্য্যসমাজ না জন্মগ্রহণ করিলে হিন্দু অপেক্ষা মুসলমান ও কৃশ্চীয়ানের সংখ্যা যে ভারতে অনেক অধিক হইত, তাহাতে সন্দেহমাত্রও নাই।

ভোজ্যদ্রব্যের ন্যায় নানাধাতুবিশিষ্ট শরীর ও অনন্তভাবতরঙ্গশালী চিত্তের আর কি প্রকৃষ্ট উপাদান? কিন্তু যে খাদ্য দেহরক্ষা ও মনের বলসমাধানে একান্ত আবশ্যক, তাহারই শেষাংশ যথাসময়ে শরীর হইতে বহিষ্কৃত হইতে না পারিলেই সকল অনর্থের মূল হয়।

(সমষ্টির জীবনে ব্যষ্টির জীবন, সমষ্টির সুখে ব্যষ্টির সুখ, সমষ্টি ছাড়িয়া ব্যষ্টির অস্তিত্বই অসম্ভব, এ অনন্ত সত্য—জগতের মূল ভিত্তি। অনন্ত সমষ্টির দিকে সহানুভূতিযোগে তাহার সুখে সুখ, দুঃখে দুঃখ ভোগ করিয়া শনৈঃ অগ্রসর হওয়াই ব্যষ্টির একমাত্র কর্তব্য। শুধু কর্তব্য নহে, ইহার ব্যতিক্রমে মৃত্যু-পালনে অমরত্ব। প্রকৃতির চক্ষে ধূলি দিবার শক্তি কাহার? সমাজের চক্ষে অনেকদিন ঠুলি দেওয়া চলে না। উপরে আবর্জনারাশি যতই কেন সঞ্চিত হউক না, সেই স্তূপের তলদেশে প্রেমস্বরূপ, নিঃস্বার্থ সামাজিক জীবনের প্রাণস্পন্দন হইতেছে। সর্ব্বংসহা ধরিত্রীর ন্যায় সমাজ অনেক সহেন, কিন্তু একদিন না একদিন জাগিয়া উঠেন এবং সে উদ্বোধনের বীর্য্যে যুগযুগান্তের সঞ্চিত মলিনতা ও স্বার্থপরতারাশি দূরে নিক্ষিপ্ত হয়)।

তমসাচ্ছন্ন পাশবপ্রকৃতি মানুষ আমরা, সহস্রবার ঠেকিয়া এ মহান্ সত্যে বিশ্বাস করি না, সহস্রবার ঠকিয়াও আবার ঠকাইতে যাই— উন্মত্তবৎ কল্পনা করি যে, আমরা প্রকৃতিকে বঞ্চনা করিতে সক্ষম। অত্যল্পদর্শী, মনে করি, যে কোন প্রকারে হউক, নিজের স্বার্থসাধনই জীবনের চরম উদ্দেশ্য।

বিদ্যা, বুদ্ধি, ধন, জন, বল, বীর্য্য, যাহা কিছু প্রকৃতি আমাদের নিকট সঞ্চিত করেন, তাহা পুনর্ব্বার সঞ্চারের জন্য; এ কথা মনে থাকে না, গঞ্চিত ধনে আত্মবুদ্ধি হয়, অমনিই সর্ব্বনাশের সূত্রপাত।

প্রজাসমষ্টির শক্তিকেন্দ্ররূপ রাজা অতি শীঘ্রই ভুলিয়া যান যে, তাহাতে শক্তিসঞ্চয় কেবল 'সহস্রগুণমুৎস্রষ্টুং'। বেণ[১৩] রাজার ন্যায় তিনি সর্ব্বদেবত্বের আরোপ আপনাতে করিয়া, অপর পুরুষে কেবল হীন মনুষ্যত্বমাত্র দেখেন, সু হউক বা কু হউক, তাঁহার ইচ্ছার ব্যাঘাতই মহাপাপ। (পালনের স্থানে কাষেই পীড়ন আসিয়া পড়ে—রক্ষণের স্থানে ভক্ষণ।) যদি সমাজ নির্ব্বীর্য্য হয়, নীরবে সহ্য করে, রাজা ও প্রজা উভয়েই হীন হইতে হীনতর অবস্থায় উপস্থিত হয় এবং শীঘ্রই বীর্য্যবান্ অন্য জাতির ভক্ষ্যরূপে পরিণত হয়। যেথায় সমাজশরীর বলবান্, শীঘ্রই অতি প্রবল প্রতিক্রিয়া উপস্থিত হয় এবং তাহার আস্ফালনে ছত্র, দণ্ড, চামরাদি অতিদূরে বিক্ষিপ্ত ও সিংহাসনাদি চিত্রশালিকারক্ষিত প্রাচীন দ্রব্যবিশেষের ন্যায় হইয়া পড়ে।

যে মহাশক্তির ভ্রূভঙ্গে 'থরথরি রক্ষনাথ কাঁপে লঙ্কাপুরে, যাহার হস্তধৃত সুবর্ণভাণ্ডরূপ বকাও প্রত্যাশায় মহারাজ হইতে ভিক্ষুক পর্য্যন্ত বকপংক্তির ন্যায় বিনীতমস্তকে পশ্চাদগমন করিতেছে, সেই বৈশ্যশক্তির বিকাশই পূর্ব্বোক্ত প্রতিক্রিয়ার ফল।

ব্রাহ্মণ বলিলেন, বিদ্যা সকল বলের বল, আমি সেই বিদ্যা উপজীবী, সমাজ আমার শাসনে চলিবে, দিন কতক তাহাই হইল। ক্ষত্রিয় বলিলেন, আমার অস্ত্রবল না থাকিলে বিদ্যাবল সহিত কোথায় লোপ পাইয়া যাও, আমিই শ্রেষ্ঠ; কোষমধ্যে অসিঝনংকার হইল, সমাজ অবনতমস্তকে গ্রহণ করিল। বিদ্যার উপাসকও সর্ব্বাগ্রে রাজোপাসকে পরিণত হইলেন। বৈশ্য বলিতেছেন, উন্মাদ! 'অথওমওলাকারং ব্যাপ্তং যেন চরাচরং' তোমরা যাঁহাকে বল, তিনিই এই মুদ্রারূপী, অনন্তশক্তিমান্, আমার হস্তে। দেখ, ইঁহার কৃপায় আমিও সর্ব্বশক্তিমান্। হে ব্রাহ্মণ,

তোমার তপ, জপ, বিদ্যাবুদ্ধি, ইহাঁরই প্রসাদে আমি এখনই ক্রয় করিব। হে মহারাজ, তোমার অস্ত্র শস্ত্র, তেজ বীর্য্য, ইহার কৃপায় আমার অভিমত সিদ্ধির জন্য প্রযুক্ত হইবে। এই যে অতিবিস্তৃত, অত্যুন্নত কারখানা সকল দেখিতেছ, ইহারা আমার মধুক্রম। ঐ দেখ, অসংখ্য মক্ষিকারূপী শূদ্রবর্গ তাহাতে অনবরত মধু সঞ্চয় করিতেছে, কিন্তু সে মধু পান করিবে কে?- আমি। যথাকালে আমি পশ্চাদেশ হইতে সমস্ত মধু নিষ্পীড়ন করিয়া লইতেছি।

ব্রাহ্মণক্ষত্রিয়াধিপত্যে যে প্রকার বিদ্যা ও সভ্যতার সঞ্চয়, বৈশ্যাধিকারে সেই প্রকার ধনের। যে টঙ্কঝঙ্কার চাতুর্ব্বর্ণ্যের মনোহরণ করিতে সক্ষম, বৈশ্যের বল সেই ধন। সে ধন পাছে ব্রাহ্মণ ঠকায়, পাছে ক্ষত্রিয় বলাৎকার দ্বারা গ্রহণ করে, বৈশ্যের সদাই এই ভয়। আত্মরক্ষার্থ সেজন্য শ্রেষ্ঠিকুল একমতি। কুসীদকশাহস্ত বণিক্ সকলের হৃৎকম্প উৎপাদক। অর্থবলে রাজশক্তিকে সংকীর্ণ করিতে বণিক্ সদাই ব্যস্ত। যাহাতে রাজশক্তি বৈশ্যবর্গের ধনধান্য সঞ্চয়ের কোন বাধা না জন্মাইতে পারে, সে জন্য বণিক্ সদাই সচেষ্ট। কিন্তু শূদ্রকুলে সে শক্তির সঞ্চার হয়, বণিকের এ ইচ্ছা আদৌ নাই।

“বণিক্ কোন্ দেশে না যায়?” নিজে অজ্ঞ হইয়াও ব্যাপারের অনুরোধে এক দেশের বিদ্যাবুদ্ধি কলা কৌশল বণিক্ অন্য দেশে লইয়া যায়। যে বিদ্যা সভ্যতা ও কলাবিলাসরূপ রুধির, ব্রাহ্মণ ও ক্ষত্রিয়াধিকারে সমাজ-হৃৎপিণ্ডে পুঞ্জীকৃত হইয়াছিল, বণিকের পণ্যবীথিকাভিমুখী পন্থানিচয়রূপ ধমনীযোগে তাহা সর্ব্বত্র সঞ্চারিত হইতেছে। এ বৈশ্যপ্রাদুর্ভাব না হইলে, আজ এক প্রান্তের ভক্ষ্যভোজ্য সভ্যতা বিলাস ও বিদ্যা অন্য প্রান্তে কে লইয়া যাইত?

আর যাহাদের শারীরিক পরিশ্রমে ব্রাহ্মণের আধিপত্য, ক্ষত্রিয়ের ঐশ্বর্য্য ও বৈশ্যের ধনধান্য সম্ভব, তাহারা কোথায়? সমাজের যাহারা সর্ব্বাঙ্গ হইয়াও সর্ব্বদেশে সর্ব্বকালে "জঘন্যপ্রভবো হি সঃ" বলিয়া

অভিহিত, তাহাদের কি বৃত্তান্ত? যাহাদের বিদ্যালাভেচ্ছারূপ গুরুতর অপরাধে ভারতে "জিহ্বাচ্ছেদ শরীরভেদাদি" দয়াল দণ্ড সকল প্রচারিত ছিল, ভারতের সেই "চলমান শ্মশান" ভারতেতর দেশের "ভারবাহী পশু" সে শূদ্রজাতির কি গতি? এদেশের কথা কি বলিব? শূদ্রদের কথা দূরে থাকুক; ভারতের ব্রহ্মণ্য এক্ষণে অধ্যাপক গৌরাঙ্গে, ক্ষত্রিয়ত্ব রাজচক্রবর্তী ইংরাজে, বৈশ্যত্বও ইংরেজের অস্থিমজ্জায়; ভারতবাসীর কেবল ভারবাহী পশুত্ব, কেবল শূদ্রত্ব। (দুর্ভেদ্যতমসাবরণ এখন সকলকে সমান ভাবে আচ্ছন্ন করিয়াছে। "এখন চেষ্টায় তেজ নাই, উদ্যোগে সাহস নাই, মনে বল নাই, অপমানে ঘৃণা নাই, দাস্যে অরুচি নাই, হৃদয়ে প্রীতি নাই, প্রাণে আশা নাই; আছে প্রবল ঈর্ষা, স্বজাতিদ্বেষ, আছে দুর্ব্বলের যেনতেন প্রকারে সর্ব্বনাশসাধনে একান্ত ইচ্ছা, আর বলবানের কুকুরবৎ পদলেহনে।) এখন তৃপ্তি ঐশ্বর্য্যপ্রদর্শনে, ভক্তি স্বার্থসাধনে, জ্ঞান অনিত্যবস্তুসংগ্রহে, যোগ পৈশাচিক আচারে, কর্ম্ম পরের দাস্যে, সভ্যতা বিজাতীয় অনুকরণে, বাগ্মিত্ব কটুভাষণে, ভাষার উৎকর্ষ ধনীদের অত্যদ্ভুত চাটুবাদে, বা জঘন্য অশ্লীলতা বিকীরণে; এ শূদ্রপূর্ণ দেশের শূদ্রদের কী কথা। ভারতেতর দেশের শূদ্রকুল যেন কিঞ্চিৎ বিনিদ্র হইয়াছে। কিন্তু তাহাদের বিদ্যা নাই, আর আছে শূদ্রসাধারণ স্বজাতিদ্বেষ। সংখ্যায় বহু হইলে কি হয়? যে একতাবলে দশজনে লক্ষজনের শক্তি সংগ্রহ করে, সে একতা শূদ্রে এখনও বহুদূর; শূদ্রজাতি মাত্রেই এজন্য নৈসর্গিক নিয়মে পরাধীন।

কিন্তু আশা আছে। কালপ্রভাবে ব্রাহ্মণাদিবর্ণও শূদ্রের নিম্নাসনে সমানীত হইতেছে ও শূদ্রজাতিও উচ্চস্থানে উত্তোলিত হইতেছে। শূদ্রপূর্ণ রোমকদাস ইউরোপ ক্ষত্রবীর্য্যে পরিপূর্ণ। মহাবল চীন আমাদের সমক্ষেই দ্রুতপদসঞ্চারে শূদ্রত্ব প্রাপ্ত হইতেছে, নগণ্য জাপান থধূপতেজে শূদ্রত্ব দূরে ফেলিয়া ক্রমশঃ উচ্চবর্ণাধিকার আক্রমণ করিতেছে। আধুনিক গ্রীস ও ইতালির ক্ষত্রতাপতি ও তুরুষ্ক স্পেনাদির নিম্নাভিমুখ পতনও এস্থলে বিবেচ্য।

তথাপিও এমন সময় আসিবে, যখন শূদ্রত্বসহিত শূদ্রের প্রাধান্য হইবে, অর্থাৎ বৈশ্যত্ব ক্ষত্রিয়ত্ব লাভ করিয়া শূদ্র জাতি যে প্রকার বলবীর্য্য বিকাশ করিতেছে, তাহা নহে, শূদ্রধর্ম্মকর্ম্মসহিত সর্ব্বদেশের শূদ্রের সমাজে একাধিপত্য লাভ করিবে। তাহারই পূর্ব্বাভাসস্ঘটা পাশ্চাত্য জগতে ধীরে ধীরে উদিত হইতেছে এবং সকলে তাহার ফলাফল ভাবিয়া ব্যাকুল। সোস্যালিজম্‌, এনার্কিজম্‌, নাইহিলিজম্‌ প্রভৃতি সম্প্রদায় এই বিপ্লবের অগ্রগামী ধ্বজা। যুগযুগান্তরের পেষণের ফলে শূদ্রমাত্রেই হয় কুক্কুরবৎ পদলেহক, নতুবা হিংস্রপশুবৎ নৃশংস। আবার চিরকালই তাহাদের বাসনা নিস্ফল; এজন্য দৃঢ়তা ও অধ্যবসায় তাহাদের একেঘ্‌বারেই নাই।

পাশ্চাত্যদেশে শিক্ষাবিস্তার সত্ত্বেও শূদ্রজাতির অভ্যুত্থানের একটা বিষম প্রত্যবায় আছে, সেটি গুণগত জাতি। ঐ গুণগত জাতি প্রাচীন কালে এতদ্দেশেও প্রচার থাকিয়া শূদ্রকুলকে দৃঢ়বন্ধনে বদ্ধ করিয়া রাখিয়াছিল। শূদ্রজাতির একে বিদ্যার্জ্জন বা ধনসংগ্রহের সুবিধা বড়ই অল্প, তাহার উপর যদি কালে দুই একটী অসাধারণ পুরুষ শূদ্রকুলে উৎপন্ন হয়, অভিজাত সমাজ তৎক্ষণাৎ তাহাকে উপাধিমণ্ডিত করিয়া, আপনাদের মণ্ডলীতে তুলিয়া লয়। তাহার বিদ্যার প্রভাব, তাহার ধনের ভাগ, অপর জাতির উপকারে যায়, আর তাহার নিজের জাতি তাহার বিদ্যা বুদ্ধি ধনের কিছুই পায় না। শুধু তাহাই নহে, উপরিতন জাতির আবর্জ্জনারাশিরূপ অকর্ম্মণ্য মনুষ্য সকল শূদ্রবর্গের মধ্যে নিক্ষিপ্ত হয়।

বেশ্যাপুত্র বশিষ্ঠ ও নারদ, দাসীপুত্র সত্যকাম জাবাল, ধীবর ব্যাস, অজ্ঞাতপিতা কৃপ, দ্রোণ, কর্ণাদি সকলেই বিদ্যা বা বীরত্বের আধার বলিয়া ব্রাহ্মণত্বে বা ক্ষত্রিয়ত্বে উত্তোলিত হইল; তাহাতে বারাঙ্গনা, দাসী, ধীবর, বা সারথি কুলের কি লাভ হইল, বিবেচ্য। আবার ব্রাহ্মণ ক্ষত্রিয় বৈশ্যকুল হইতে পতিতেরা সততই শূদ্রকুলে সমানীত হইত।

আধুনিক ভারতে শূদ্রকুলোৎপন্ন মহাপণ্ডিতের বা কোটীশ্বরেরও স্বসমাজত্যাগের অধিকার নাই। কাযেই তাহাদের বিদ্যাবুদ্ধি ও ধনের প্রভাব স্বজাতিগত হইয়া স্বীয় মণ্ডলীর উন্নতিকল্পে প্রযুক্ত হইতেছে। এই প্রকার ভারতের জন্মগত জাতি, মর্য্যাদা অতিক্রমে অসমর্থ হইয়া বৃত্তমধ্যগত লোকসকলের ধীরে ধীরে উন্নতি বিধান করিতেছে। যতক্ষণ ভারতে জাতিনির্বিশেষে দণ্ডপুরস্কারসঞ্চারকারী রাজা থাকিবেন, ততক্ষণ এই প্রকার নীচ জাতির উন্নতি হইতে থাকিবে।

সমাজের নেতৃত্ব বিদ্যাবলের দ্বারাই অধিকৃত হউক বা বাহুবলের দ্বারা বা ধনবলের দ্বারা, সে শক্তির আধার—প্রজাপুঞ্জ। যে নেতৃসম্প্রদায় যত পরিমাণে এই শক্ত্যাধার হইতে আপনাকে বিশ্লিষ্ট করিবে, তত পরিমাণে তাহা দুর্ব্বল। কিন্তু মায়ার এমনই বিচিত্র খেলা: যাহাদের নিকট হইতে পরোক্ষে বা প্রত্যক্ষভাবে ছল বল কৌশল বা প্রতিগ্রহের দ্বারা এই শক্তি পরিগৃহীত হয়, তাহারা অচিরেই নেতৃসম্প্রদায়ের গণনা হইতে বিদূরিত হয়। পৌরোহিত্য শক্তি কালক্রমে শক্ত্যাধার প্রজাপুঞ্জ হইতে আপনাকে সম্পূর্ণ বিচ্ছিন্ন করিয়া তাৎকালিক প্রজাসহায় রাজশক্তির নিকট পরাভূত হইল; রাজশক্তিও আপনাকে সম্পূর্ণ স্বাধীন বিচার করিয়া প্রজাকুল ও আপনার মধ্যে দুস্তর পরিখা খনন করিয়া অপেক্ষাকৃত অধিক পরিমাণে সাধারণ-প্রজা-সহায় বৈশ্যকুলের হস্তে নিহত বা ক্রীড়াপুতলিকা হইয়া গেল। এক্ষণে বৈশ্যকুল আপনার স্বার্থ সিদ্ধি করিয়াছে; অতএব প্রজার সহায়তা অনাবশ্যক জ্ঞানে আপনাদিগকে প্রজাপুঞ্জ হইতে সম্পূর্ণ বিভিন্ন করিবার চেষ্টা করিতেছে; এই স্থানে এ শক্তিরও মৃত্যুবীজ উপ্ত হইতেছে।

সাধারণ প্রজা, সমস্ত শক্তির আধার হইয়াও পরস্পরের মধ্যে অনন্ত ব্যবধান সৃষ্টি করিয়া, আপনাদের সমস্ত অধিকার হইতে বঞ্চিত রহিয়াছে, এবং যতকাল এই ভাব থাকিবে ততকাল রহিবে। সাধারণ বিপদ্ ও ঘৃণা এবং সাধারণ প্রীতি—সহানুভূতির কারণ। মৃগয়াজীবী

পশুকুল যে নিয়মাধীনে একত্রিত হয়, মনুজবংশও সেই নিয়মাধীনে একত্রিত হইয়া জাতি বা দেশবাসীতে পরিণত হয়।

একান্ত স্বজাতি-বাৎসল্য ও একান্ত ইরাণবিদ্বেষ গ্রীকজাতির, কার্থেজ বিদ্বেষ রোমের, কাফের-বিদ্বেষ আরবজাতির, মুর-বিদ্বেষ স্পেনের, স্পেন-বিদ্বেষ ফ্রান্সের, ফ্রান্স-বিদ্বেষ ইংলণ্ড ও জর্ম্মানির, ও ইংলণ্ড-বিদ্বেষ আমেরিকার উন্নতির—প্রতিদ্বন্দ্বিতা সমাধান করিয়া—এক প্রধান কারণ নিশ্চিত।

স্বার্থই স্বার্থত্যাগের প্রথম শিক্ষক। ব্যষ্টির স্বার্থ রক্ষার জন্যই সমষ্টির কল্যাণের দিকে প্রথম দৃষ্টিপাত। স্বজাতির স্বার্থে নিজের স্বার্থ, স্বজাতির কল্যাণে নিজের কল্যাণ। বহুজনের সহায়তা ভিন্ন অধিকাংশ কার্য্য কোনও মতে চলে না, আত্মরক্ষা পর্য্যন্তও অসম্ভব। এই স্বার্থরক্ষার্থ সহকারিত্ব সর্ব্বদেশে সর্ব্বজাতিতে বিদ্যমান। তবে স্বার্থের পরিধির তারতম্য আছে। প্রজোৎপাদন ও যেন তেন প্রকারেণ উদর পূর্তির অবসর পাইলেই ভারতবাসীর সম্পূর্ণ স্বার্থসিদ্ধি। আর উচ্চবর্ণের ইহার উপর ধর্ম্মে বাধা না হয়। এতদপেক্ষা বর্তমান ভারতে দুরাশা আর নাই; ইহাই ভারতজীবনের উচ্চতম সোপান।

ভারতবর্ষের বর্তমান শাসনপ্রণালীতে কতকগুলি দোষ বিদ্যমান, কতকগুলি প্রবলগুণও আছে। সর্ব্বাপেক্ষা কল্যাণ ইহা যে, পাটলিপুত্র সাম্রাজ্যের অধঃপতন হইতে বর্ত্তমান কাল পর্য্যন্ত, এ প্রকার শক্তিমান্ ও সর্ব্বব্যাপী শাসনযন্ত্র, অস্মদ্দেশে পরিচালিত হয় নাই। বৈশ্বাধিকারের যে চেষ্টায়, একপ্রান্তের পণ্যদ্রব্য অন্য প্রান্তে উপনীত হইতেছে, সেই চেষ্টারই ফলে, দেশদেশান্তরের ভাবরাশি বলপূর্ব্বক ভারতের অস্থিমজ্জায় প্রবেশ করিতেছে। এই সকল ভাবের মধ্যে কতকগুলি অতি কল্যাণকর, কতকগুলি অমঙ্গলরূপ আর কতকগুলি পরদেশবাসীর এ দেশের যথার্থ কল্যাণ নির্ধারণে অজ্ঞতার পরিচায়ক।

কিন্তু গুণদোষরাশি ভেদ করিয়া সকল ভবিষ্যৎমঙ্গলের প্রবল লিঙ্গ দেখা যাইতেছে যে, এই বিজাতীয় ও প্রাচীন স্বজাতীয় ভাবসংঘর্ষে, অল্পে অল্পে দীর্ঘসুপ্তজাতি বিনিদ্র হইতেছে। ভুল করুক, ক্ষতি নাই, সকল কার্য্যেই ভ্রমপ্রমাদ আমাদের একমাত্র শিক্ষক। যে ভ্রমে পতিত হয়, ঋতপথ তাহারই প্রাপ্য। বৃক্ষ ভুল করে না, প্রস্তরখণ্ডও ভ্রমে পতিত হয় না, পশুকুলে নিয়মের বিপরীতাচরণ অত্যল্পই দৃষ্ট হয়; কিন্তু ভূদেবের উৎপত্তি ভ্রমপ্রমাদপূর্ণ নরকুলেই। দন্তধাবন হইতে মৃত্যু পর্য্যন্ত সমস্ত কর্ম্ম, নিদ্রাভঙ্গ হইতে শয্যাশ্রয় পর্য্যন্ত সমস্ত চিন্তা, যদি অপরে আমাদের জন্য পুঙ্খানুপুঙ্খভাবে নির্দ্ধারিত করিয়া দেয়, এবং রাজশক্তির পেষণে ঐ সকল নিয়মের বজ্রবন্ধনে আমাদের বেষ্টিত করে, তাহা হইলে আমাদের আর চিন্তা করিবার কি থাকে? মননশীল বলিয়াই না আমরা মনুষ্য, মনীষী, মুনি? চিন্তাশীলতার লোপের সঙ্গে সঙ্গে তমোগুণের প্রাদুর্ভাব, জড়ত্বের আগমন। এখনও প্রত্যেক ধর্ম্মনেতা, সমাজনেতা, সমাজের জন্য নিয়ম করিবার জন্য ব্যস্ত!!! দেশে কি নিয়মের অভাব? নিয়মের পেষণে যে সর্ব্বনাশ উপস্থিত কে বুঝে?

সম্পূর্ণ স্বাধীন স্বেচ্ছাচারী রাজার অধীনে বিজিত জাতি বিশেষ ঘৃণার পাত্র হয় না। অপ্রতিহতশক্তি সম্রাটের সকল প্রজারই সমান অধিকার, অর্থাৎ কোনও প্রজারই রাজশক্তির নিয়মনে কিছুমাত্র অধিকার নাই। সে স্থলে জাত্যভিমানজনিত বিশেষাধিকার অল্পই থাকে। কিন্তু যেখানে প্রজানিয়মিত রাজা বা প্রজাতন্ত্র, বিজিত জাতির শাসন করে, সে স্থানে বিজয়ী ও বিজিতের মধ্যে অতিবিস্তীর্ণ ব্যবধান নির্ম্মিত হয়, এবং যে শক্তি বিজিতদিগের কল্যাণে সম্পূর্ণ নিযুক্ত হইলে অত্যল্পকালে বিজিতজাতির বহুকল্যাণসাধনে সমর্থ, সে শক্তির অধিকাংশভাগই বিজিত জাতিকে স্ববশে রাখিবার চেষ্টায় ও আয়োজনে প্রযুক্ত হইয়া বৃথা ব্যয়িত হয়। প্রজাতন্ত্র রোমাপেক্ষা, সম্রাড়ধিষ্ঠিত রোমকশাসনে বিজাতীয় প্রজাদের সুখ অধিক এজন্যই হইয়াছিল। এ জন্যই বিজিতযাহুদীবংশসম্ভূত হইয়াও খৃষ্টধর্ম্মপ্রচারক পৌল, কেশরী-

সম্রাটের সমক্ষে আপনার অপরাধ বিচারের ক্ষমতা প্রাপ্ত হইয়াছিল। ব্যক্তিবিশেষ ইংরাজ কৃষ্ণবর্ণ বা "নেটিভ" অর্থাৎ অসভ্য বলিয়া, আমাদিগকে অবজ্ঞা করিল, ইহাতে ক্ষতি বৃদ্ধি নাই। আমাদের আপনার মধ্যে তদপেক্ষা অনেক অধিক জাতিগত ঘৃণাবুদ্ধি আছে; এবং মূর্খ ক্ষত্রিয় রাজা সহায় হইলে, ব্রাহ্মণের যে শূদ্রদের "জিহ্বাচ্ছেদ, শরীরভেদাদি" পুনরায় করিবার চেষ্টা করিবেন না, কে বলিতে পারে? প্রাচ্য আর্য্যাবর্তে সকল জাতির মধ্যে যে সামাজিক উন্নতিকল্পে কিঞ্চিৎ সদ্ভাব দৃষ্ট হইতেছে, মহারাষ্ট্র দেশে ব্রাহ্মণেরা "মরাঠা" জাতির যে সকল স্ববস্তুতি আরম্ভ করিয়াছেন, নিম্ন জাতিদের এখনও তাহা নিঃস্বার্থভাব হইতে সমুখিত বলিয়া ধারণা হইতেছে না। কিন্তু ইংরাজ সাধারণের মনে ক্রমশঃ এক ধারণা উপস্থিত হইতেছে যে, ভারতসাম্রাজ্য তাঁহাদের অধিকারচ্যুত হইলে ইংরাজ জাতির সর্ব্বনাশ উপস্থিত হইবে। অতএব যেন তেন প্রকারেণ ভারতে ইংলণ্ডাধিকার প্রবল রাখিতে হইবে। এই অধিকার রক্ষার প্রধান উপায় ভারতবাসীর বক্ষে ইংরাজ জাতির "গৌরব" সদা জাগরূক রাখা। এই বুদ্ধির প্রাবল্য ও তাহার সহযোগী চেষ্টার উত্তরোত্তর বৃদ্ধি দেখিয়া, যুগপৎ হাস্য ও করুণরসের উদয় হয়। ভারতনিবাসী ইংরাজ বুঝি ভুলিয়া যাইতেছেন যে, যে বীর্য্য, অধ্যবসায় ও স্বজাতির একান্ত সহানুভূতিবলে তাঁহারা এই রাজ্য অর্জ্জন করিয়াছেন, যে সদাজাগরূক বিজ্ঞানসহায় বাণিজ্যবুদ্ধিবলে সর্ব্বধনপ্রসূ ভারতভূমিও ইংলণ্ডের প্রধান পণ্যবীথিকা হইয়া পড়িয়াছে, যতদিন জাতীয় জীবন হইতে এই সকল গুণ লোপ না হয়, ততদিন তাঁহাদের সিংহাসন অচল। এই সকল গুণ যতদিন ইংরাজে থাকিবে, এমন ভারত রাজ্য শত শত লুপ্ত হইলেও, শত শত আবার অর্জিত হইবে। কিন্তু যদি ঐ সকল গুণপ্রবাহের বেগ মন্দীকৃত হয়, বৃথা গৌরব ঘোষণে কি সাম্রাজ্য শাসিত হইবে? এজন্য এ সকল গুণের প্রাবল্য সত্ত্বেও, অর্থহীন "গৌরব" রক্ষার জন্য এত শক্তিক্ষয় নিরর্থক।

উহা প্রজার কল্যাণে নিয়োজিত হইলে, শাসক ও শাসিত উভয় জাতিরই নিশ্চিত মঙ্গলপ্রদ।

পূর্ব্বেই বলা হইয়াছে যে, বাহ্য জাতির সংঘর্ষে ভারত ক্রমে বিনিদ্র হইতেছে। এই অল্প জাগরূকতার ফলস্বরূপ, স্বাধীন চিন্তার কিঞ্চিৎ উন্মেষ। একদিকে, প্রত্যক্ষশক্তিসংগ্রহরূপ-প্রমাণ-বাহন, শতসূর্য্যজ্যোতি, আধুনিক পাশ্চাত্য বিজ্ঞানের দৃষ্টিপ্রতিঘাতিপ্রভা; অপরদিকে স্বদেশী বিদেশী বহুমনীষীউদ্ঘাটিত, যুগযুগান্তরের সহানুভূতিযোগে সর্ব্বশরীরে ক্ষিপ্রসঞ্চারী, বলদ, আশাপ্রদ, পূর্ব্বপুরুষদিগের অপূর্ব্ব বীর্য্য, অমানব প্রতিভা ও দেবদুর্লভ অধ্যাত্মতত্ত্বকাহিনী। একদিকে জড়বিজ্ঞান, প্রচুর ধনধান্য, প্রভুতবলসঞ্চয়, তীব্র ইন্দ্রিয়সুখ, বিজাতীয় ভাষায় মহাকোলাহল উত্থাপিত করিয়াছে; অপরদিকে এই মহাকোলাহল ভেদ করিয়া, ক্ষীণ অথচ মর্ম্মভেদী স্বরে, পূর্ব্বদেবদিগের আর্তনাদ কর্ণে প্রবেশ করিতেছে। সম্মুখে বিচিত্র যান, বিচিত্র পান, সুসজ্জিত ভোজন, বিচিত্র পরিচ্ছদে লজ্জাহীনা বিদুষীনারীকুল, নূতন ভাব, নূতন ভঙ্গী, অপূর্ব্ব বাসনার উদয় করিতেছে; আবার মধ্যে মধ্যে সে দৃশ্য অন্তর্হিত হইয়া, ব্রত, উপবাস, সীতা, সাবিত্রী, তপোবন, জটাবল্কল, কাষায়, কৌপীন, সমাধি, আত্মানুসন্ধান উপস্থিত হইতেছে। একদিকে পাশ্চাত্য সমাজের স্বার্থপর স্বাধীনতা, অপরদিকে আর্য্য সমাজের কঠোর আত্মবলিদান। এ বিষম সংঘর্ষে সমাজ যে আন্দোলিত হইবে—তাহাতে বিচিত্রতা কি? পাশ্চাত্যে উদ্দেশ্য—ব্যক্তিগত স্বাধীনতা, ভাষা—অর্থকরী বিদ্যা, উপায়—রাষ্ট্রনীতি। ভারতে উদ্দেশ্য-মুক্তি, ভাষা—বেদ, উপায়— ত্যাগ। বর্তমান ভারত একবার যেন বুঝিতেছে—বৃথা ভবিষ্যৎ অধ্যাত্ম কল্যাণের মোহে পড়িয়া ইহলোকের সর্বনাশ করিতেছি, আবার মন্ত্রমুগ্ধবৎ শুনিতেছে,—

"ইতি সংসারে স্ফুটতরদোষঃ।
কথমিহ মানব তব সন্তোষঃ॥"

একদিকে, নব্য ভারত ভারতী বলিতেছেন, পতিপত্নীনির্বাচনে আমাদের সম্পূর্ণ স্বাধীনতা হওয়া উচিত; কারণ, যে বিবাহে আমাদের সমস্ত ভবিষ্যৎ জীবনের সুখ দুঃখ, তাহা আমরা স্বেচ্ছাপ্রণোদিত হইয়া নির্ব্বাচন করিব; অপরদিকে, প্রাচীন ভারত আদেশ করিতেছেন, বিবাহ ইন্দ্রিয়সুখের জন্য নহে, প্রজোৎপাদনের জন্য। ইহাই এ দেশের ধারণা। প্রজোৎপাদন দ্বারা সমাজের ভাবী মঙ্গলামঙ্গলের তুমি ভাগী, অতএব যে প্রণালীতে বিবাহ করিলে সমাজের সর্ব্বাপেক্ষা কল্যাণ সম্ভব, তাহাই সমাজে প্রচলিত; তুমি বহুজনের হিতের জন্য নিজের সুখভোগেচ্ছা ত্যাগ কর।

একদিকে, নব্যভারত বলিতেছেন, পাশ্চাত্য ভাব, ভাষা, আহার, পরিচ্ছদ ও আচার অবলম্বন করিলেই, আমরা পাশ্চাত্য জাতিদের ন্যায় বলবীর্য্যসম্পন্ন হইব; অপরদিকে প্রাচীন ভারত বলিতেছেন, মূর্খ, অনুকরণ দ্বারা পরের ভাব আপনার হয় না, অর্জ্জন না করিলে কোন বস্তুই নিজের হয় না; সিংহ-চর্ম্ম-আচ্ছাদিত হইলেই কি গর্দ্দভ সিংহ হয়?

একদিকে, নব্যভারত বলিতেছেন, পাশ্চাত্য জাতিরা যাহা করে, তাহাই ভাল, ভাল না হইলে উহারা এত প্রবল কি প্রকারে হইল? অপরদিকে, প্রাচীন ভারত বলিতেছেন, বিদ্যুতের আলোক অতি প্রবল, কিন্তু ক্ষণস্থায়ী; বালক, তোমার চক্ষু প্রতিহত হইতেছে, সাবধান।

তবে কি আমাদের পাশ্চাত্য জগৎ হইতে শিখিবার কিছুই নাই? আমাদের কি চেষ্টা যত্ন করিবার কোন প্রয়োজন নাই? আমরা কি সম্পূর্ণ? আমাদের সমাজ কি সর্ব্বতোভাবে নিশ্ছিদ্র? শিখিবার অনেক আছে, যত্ন আমরণ করিতে হইবে, যত্নই মানবজীবনের উদ্দেশ্য। শ্রীরামকৃষ্ণ বলিতেন, "যতদিন বাঁচি, ততদিন শিখি"। যে ব্যক্তি বা যে সমাজের শিখিবার কিছুই নাই, তাহা মৃত্যুমুখে পতিত হইয়াছে। আছে,—কিন্তু ভয়ও আছে।

কোনও অল্পবুদ্ধি বালক, শ্রীরামকৃষ্ণের সমক্ষে, সর্ব্বদাই শাস্ত্রের নিন্দা করিত। একদা সে গীতার অত্যন্ত প্রশংসা করে। তাহাতে শ্রীরামকৃষ্ণ বলেন যে, "বুঝি, কোনও ইংরাজ পণ্ডিত গীতার প্রশংসা করিয়াছে, তাহাতে এও প্রশংসা করিল।"

হে ভারত, ইহাই প্রবল বিভীষিকা। পাশ্চাত্য-অনুকরণ-মোহ এমনই প্রবল হইতেছে যে, ভাল মন্দের জ্ঞান, আর বুদ্ধি বিচার, শাস্ত্র, বিবেকের দ্বারা নিষ্পন্ন হয় না। শ্বেতাঙ্গে যে ভাবের, যে আচারের প্রশংসা করে, তাহাই ভাল, তাহারা যাহার নিন্দা করে, তাহাই মন্দ। হা ভাগ্য, ইহা অপেক্ষা নির্ব্বুদ্ধিতার পরিচয় কি? পাশ্চাত্য নারী স্বাধীন ভাবে বিচরণ করে, অতএব তাহাই ভাল; পাশ্চাত্য নারী স্বয়ম্বরা, অতএব তাহাই উন্নতির উচ্চতম সোপান; পাশ্চাত্য পুরুষ আমাদের বেশ ভূষা অশন বসন ঘৃণা করে, অতএব তাহা অতি মন্দ; পাশ্চাত্যেরা মূর্ত্তিপূজা দোষাবহ বলে,—মূর্ত্তিপূজা অতি দূষিত, সন্দেহ কি?

পাশ্চাত্যের একটি দেবতার পূজা মঙ্গলপ্রদ বলে, অতএব আমাদের দেবদেবী গঙ্গাজলে বিসর্জ্জন দাও। পাশ্চাত্যেরা জাতিভেদ ঘৃণিত বলিয়া জানে, অতএব সর্ব্ববর্ণ একাকার হও। পাশ্চাত্যেরা বাল্যবিবাহ সর্ব্বদোষের আকর বলে, অতএব তাহাও অতি মন্দ নিশ্চিত।

আমরা এই সকল প্রথা রক্ষণোপযোগী বা ত্যাগযোগ্য—ইহার বিচার করিতেছি না; তবে যদি পাশ্চাত্যদিগের অবজ্ঞাদৃষ্টিমাত্রই, আমাদের রীতিনীতির জঘন্যতার কারণ হয়, তাহার প্রতিবাদ অবশ্য কর্ত্তব্য। বর্তমান লেখকের পাশ্চাত্য সমাজের কিঞ্চিৎ প্রত্যক্ষ জ্ঞান আছে; তাহাতে ইহাই ধারণা হইয়াছে যে, পাশ্চাত্য সমাজ ও ভারত সমাজের মূল গতি ও উদ্দেশ্যের এতই পার্থক্য যে, পাশ্চাত্য অনুকরণে গঠিত সম্প্রদায় মাত্রই এ দেশে নিষ্ফল হইবে। যাঁহারা পাশ্চাত্য সমাজে

বসবাস না করিয়া, পাশ্চাত্য সমাজের স্ত্রীজাতির পবিত্রতা রক্ষার জন্য, স্ত্রী পুরুষ সংমিশ্রণের যে সকল নিয়ম ও বাধা প্রচলিত আছে, তাহা না জানিয়া, স্ত্রী পুরুষের অবাধ সংমিশ্রণ প্রশ্রয় দেন, তাঁহাদের সহিত আমাদের অণুমাত্রও সহানুভূতি নাই। পাশ্চাত্যদেশেও দেখিয়াছি, দুর্ব্বলজাতির সন্তানেরা ইংলেও যদি জন্মিয়া থাকে, আপনাদিগকে স্পানিয়ার্ড, পোর্তুগীজ্, গ্রীক ইত্যাদি না বলিয়া, ইংরাজ বলিয়া পরিচয় দেয়।

বলবানের দিকে সকলে যায় ;–গৌরবান্বিতের গৌরবচ্ছটা নিজের গাত্রে কোনও প্রকারে একটুও লাগে, দুর্ব্বল মাত্রেরই এই ইচ্ছা। যখন ভারতবাসীকে ইউরোপীবেশভূষামণ্ডিত দেখি, তখন মনে হয়, বুঝি ইহারা পদদলিত বিদ্যাহীন দরিদ্র ভারতবাসীর সহিত আপনাদের সজাতীয়ত্ব স্বীকার করিতে লজ্জিত!! চতুর্দ্দশশতবর্ষ যাবৎ হিন্দুরঙ্কে পরিপালিত পার্সী এক্ষণে আর "নেটিভ" নহেন। জাতিহীন ব্রাহ্মণস্মন্যের ব্রহ্মণ্যগৌরবের নিকট মহারথী কুলীন ব্রাহ্মণেরও বংশমর্য্যাদা বিলীন হইয়া যায়। আর পাশ্চাত্যেরা এক্ষণে শিক্ষা দিয়াছে যে, ঐ যে কটিতটমাত্র-আচ্ছাদনকারী অজ্ঞ, মূর্খ, নীচজাতি, উহারা অনার্য্যজাতি!! উহারা আর অমাদের নহে!!!

হে ভারত, এই পরানুবাদ, পরানুকরণ, পরমুখাপেক্ষা, এই দাসসুলভ দুর্ব্বলতা, এই ঘৃণিত জঘন্য নিষ্ঠুরতা—এই মাত্র সম্বলে তুমি উচ্চাধিকার লাভ করিবে? এই লজ্জাকর কাপুরুষতা সহায়ে তুমি বীরভোগ্য স্বাধীনতা লাভ করিবে? (হে ভারত, ভুলিও না— তোমার নারীজাতির আদর্শ সীতা, সাবিত্রী, দময়ন্তী, ভুলিও না—তোমার উপাস্য উমানাথ সর্ব্বত্যাগী শঙ্কর; ভুলিও না—তোমার বিবাহ, তোমার ধন, তোমার জীবন, ইন্দ্রিয়সুখের— নিজের ব্যক্তিগত সুখের—জন্য নহে; ভুলিও না—তুমি জন্ম হইতেই "মায়ের" জন্য বলিপ্রদত্ত; ভুলিও না— তোমার সমাজ সে বিরাট মহামায়ের ছায়ামাত্র; ভুলিও না—নীচজাতি, মূর্খ, দরিদ্র, অজ্ঞ, মুচি, মেথর তোমার রক্ত, তোমার ভাই। হে বীর,

সাহস অবলম্বন কর, সদর্পে বল–আমি ভারতবাসী, ভারতবাসী আমার ভাই, বল, মূর্খ ভারতবাসী, দরিদ্র ভারতবাসী, ব্রাহ্মণ ভারতবাসী, চণ্ডাল ভারতবাসী আমার ভাই; তুমিও কটিমাত্র বস্ত্রাবৃত হইয়া, সদর্পে ডাকিয়া বল–ভারতবাসী আমার ভাই, ভারতবাসী আমার প্রাণ, ভারতের দেবদেবী আমার ঈশ্বর, ভারতের সমাজ আমার শিশুশয্যা, আমার যৌবনের উপবন, আমার বার্দ্ধক্যের বারাণসী; বল ভাই, ভারতের মৃত্তিকা অমার স্বর্গ, ভারতের কল্যাণ আমার কল্যাণ, আর বল দিন রাত, ("হে গৌরীনাথ, হে জগদম্বে, আমায় মনুষ্যত্ব দাও, মা, আমার দুর্বলতা কাপুরুষতা দূর কর।")

1. সোমলতা–বেদে উহা 'রাজা সোম' এই অভিধানে উক্ত।

2. অগ্নিবর্ণ–সূর্য্যবংশীয় রাজবিশেষ। ইনি প্রজাগণের সহিত সাক্ষাৎ না করিয়া দিবারাত্রি অন্তঃপুরে কাটাইতেন। অতিরিক্ত ইন্দ্রিয়পরতাদোষে যক্ষ্মারোগে ইহাঁর মৃত্যু হয়।

3. ধর্ম্মাশোক–ভারতবর্ষের একছত্র সম্রাট অশোক। ইনি খ্রীঃ প্রায় ৩০০ বৎসর পূর্ব্বে বর্তমান ছিলেন। ভ্রাতৃহত্যা প্রভৃতি নৃশংস কার্য্যের দ্বারা সিংহাসন লাভ করাতে ইনি পূর্ব্বে চণ্ডাশোক নামে প্রসিদ্ধ ছিলেন। কথিত আছে, সিংহাসন লাভের প্রায় নয় বৎসর পরে বৌদ্ধধর্ম্মে দীক্ষিত হইয়া তাঁহার স্বভাবের অদ্ভুত পরিবর্তন সম্পন্ন হয়। ভারত ও ভারতেতর দেশে বৌদ্ধধর্ম্মের বহুল প্রচার তাঁহার দ্বারাই সাধিত হয়। ভারত, কাবুল, পারস্য এবং পালেস্টাইন প্রভৃতি দেশে অদ্যাবধি আবিষ্কৃত স্তূপ, স্তম্ভ এবং পর্ব্বত গাত্রে খোদিত শাসনাদি ঐ বিষয়ে ভূরি সাক্ষ্য প্রদান করিতেছে। এই প্রকার ধর্ম্মানুরাগ এবং প্রজারঞ্জনের জন্যই ইনি পরে "দেবানাং পিয়দশি" (দেবতাদের প্রিয়দর্শন) ধর্ম্মাশোক বলিয়া বিখ্যাত হয়েন। মহাবীর আলেকজাণ্ডারযাঁহার বিক্রমে ভারতবিজয়ে বিফলমনোরথ হইয়াছিলেন, সেই প্রবল পরাক্রান্ত নরপতি চন্দ্র

4. মিহিরকুল—রাজপুতজাতির পূর্ব্বপুরুষ।

5. সচরাচর যাহাকে ইহুদী বলে—Jew.

6. খৃশ্চিয়ান।

7. ক্ষাত্রপ—আর্য্যাবর্ত্ত ও গুজরাটের পারস্যদেশীয় সম্রাড়্গণ।

8. থলুদিয়ার আদিম নিবাসী।

9. প্রাচীন বাবিলন নিবাসী।

10. থল্দিয়া (chaldoea)নিবাসী

11. প্রাচীন পারস্য নিবাসী।

12. Confucius—চীনদেশীয় বহুপ্রাচীন ধর্ম্ম এবং নীতি সংস্কারক।

13. বেণ—ভাগবতোক্ত রাজবিশেষ। কথিত আছে, ইনি আপনাকে ব্রহ্মা, বিষ্ণু, মহেশ্বর আদি দেবগণ অপেক্ষাও শ্রেষ্ঠ এবং পূজনীয় বলিয়া প্রচার করিতেন। ঋষিগণ তাঁহার এ অহঙ্কার দূর করিবার জন্য কোন সময়ে সদুপদেশ দিতে আসিলে তিনি তাঁহাদের তিরস্কার করেন এবং আপনাকেই পূজা করিতে বলায় তাঁহাদের কোপানলে নিহত হন। ভগবান্ বিষ্ণুর অবতার বলিয়া গণ্য মহারাজ পৃথু এই বেণ রাজার বাহুমন্থনে উৎপন্ন।

****